LES ROIS DE FRANCE

Dictionnaire
Généalogies
Atlas

Le Grand Livre du Mois

ISBN : 2-7028-6001-x

Réalisation
Quarante-Quatrième Parallèle
131, rue de l'Université 75007 Paris

SOMMAIRE

Les Mérovingiens

Dynastie fondatrice de la monarchie française, elle s'enracine dans une tribu de Francs saliens descendants de Mérovée, roi mythique. Sa puissance se réduit à l'origine aux seuls royaumes de Cambrai et de Tournai. Après 4 souverains plus ou moins légendaires, qui ne furent que des chefs de bande, Clovis roi de 481 à 511 apparaît par ses conquêtes comme son vrai fondateur.
À la mort de Clovis, ses quatre fils se partagent l'État franc, qui est par la suite divisé en quatre unités territoriales : l'Austrasie (ou Francie de l'Est), la Neustrie (ou Francie de l'Ouest), l'Aquitaine et la Bourgogne, c'est-à-dire l'ancien royaume des Burgondes. L'histoire des Mérovingiens devient alors une longue suite de luttes fratricides, et de meurtres malgré la présence conciliante de Clotilde (474-545). Après les règnes de Clotaire Ier, Clotaire II et Dagobert Ier qui rétablissent l'unité du royaume, la monarchie mérovingienne s'affaiblit rapidement. Les rois francs, appelés les rois fainéants (fin VIIe-VIIIe siècle) sont tous des rois faibles. Les Mérovingiens se retrouvent ainsi évincés par les nouveaux maîtres du pays, les maires du palais. En 751, Pépin le Bref dépose le dernier roi mérovingien et fonde la dynastie des Carolingiens.

La période mérovingienne est marquée par la puissance de l'aristocratie. Composée de riches propriétaires fonciers, sa fortune s'accroît sans cesse car le roi rémunère les services rendus en biens tirés de son trésor ou en terres prises sur son domaine personnel. Quant à la vie économique, elle devient avant tout agricole et s'organise dans le cadre de la « villa », grande ferme entourée de terres cultivées et de forêts de chasse. Les villes déclinent ainsi que le commerce et l'industrie. L'histoire des Francs à l'époque mérovingienne (V^e^ au VIIIe siècle) est notamment connue à travers les récits de Grégoire de Tours (mort en 594). La dynastie mérovingienne fonde la monarchie française.

Pharamond

Clodion (v.400-447 ?)
429-447

Mérovée (?-v.458)
roi des Francs-Saliens v. 448-v.458

Childéric Ier (436-v.481) – *épouse* – *Basine*
roi des Francs-Saliens v. 458-v.481
femme du roi de Thuringe

Clovis Ier (465 -511)
roi des Francs v.481-511
+ princesse de Thuringe
+ Clotilde

Thierry Ier (v.485-534)
roi de Reims 511-534

Ingomir
(né et mort v. 494)

Clodomir (v.495-524)
roi d'Orléans 511-524

Childebert Ier (v.496-55
roi de Paris (511-558)

+ Suavegotta, fille du roi burgonde Sigismond

Thibert Ier (v.505-548)
roi de Reims 534-548

+ Wisigarde, fille du roi des Lombards

Thibault (v.535-555)
roi de Reims 548-555

Caribert Ier (521-567)
roi de Paris (561-567)

Gontran (v.525-592)
roi d'Orléans et de Bourgogne (561-592)

Sigeb
roi de R

+ Brunehaut, fi
roi des Wisigo

Childebe
roi d'Au
roi de Bo

+ Fail

Thibert II (586-612)
roi d'Austrasie (595-612)

Thierry
roi de Bourg
roi d'Austr

Sigebert II (601-613)
roi d'Austrasie (613)

Sigebert III (v.631-656)
roi d'Austrasie (634-656)
+ Himnechilde

adopte

Childebert l'Adopté (?-662 ?)
roi d'Austrasie (656-662 ?)
fils du maire du palais d'Austrasie Grimoald Ier

Dagobert II (v.652–679)
roi d'Austrasie (676-679)

Clotaire III (652-673)
roi de Neustrie et de Bourgogne (657-673)

+ ?

Clovis III (?-?)
roi d'Austrasie (675-676)
Prétendu fils de Clotaire III, roi usurpateur à l'instigation d'Ébroïn maire du palais

Les Mérovingiens

:lotaire Ier (v.497-561)
·oi de Soissons (511-558)
roi de Reims (555-558)
roi des Francs (558-561)

Clotilde (après 497-531)
épouse Amalric,
roi des Wisigoths et lui apporte
Toulouse et sa région en dot

+ Ingonde | *+ Arégonde* | *+ Chunsinde*

5-575)
ıstrasie

Chilpéric Ier (539 ?-584)
roi de Soissons et
de Neustrie (561-584)

Chramne (mort en 560)

+ Frédégonde

'0-595)
-595)
·2-595)

Clotaire II (584-629)
roi de Neustrie (584-613)
roi des Francs (613-629)

+ Bertrude | *+ Sichilde*

3)
613)
3)

Dagobert Ier (610-639)
roi d'Austrasie (623-629)
roi de Neustrie et de Bourgogne (629-632)
roi des Francs (632-639)

Caribert II (v.606-632)
roi d'Aquitaine (629-632)

+ Ragnérude | *+ Nanthilde*

Clovis II (v.635-657)
roi de Neustrie et de Bourgogne (639-656)
roi des Francs (656-657)

+ Bathilde

ıdéric II (v.653-675)
d'Austrasie (662-673)
ı des Francs (673-675)

Thierry III (v.654-691)
roi de Neustrie et
de Bourgogne (673 et 675-691)
roi des Francs (679-679)

fille du roi
Sigebert III

+ Clotilde

:ric II (v.670-720)
de Neustrie (715-720)
les Francs (v.720-720)

Clovis IV (v.682-695)
roi des Francs (691-695)

Childebert III (v.683-711)
roi des Francs (v.695-711)

Clotaire IV (v. 685-719)
roi d'Austrasie (718-719)

:déric III (?-755)
des Francs (743-752)
par Pépin le Bref en 752

Dagobert III (v.699-715)
roi des Francs (711-715)

ls Thierry est enfermé
›baye de Fontenelle.

Thierry IV (v.713-737)
roi des Francs (721-737)

Fin de la dynastie des Mérovingiens

CLOVIS Ier

465-Paris, 511
Roi des Francs (481-511)

Plus grand des rois mérovingiens, Clovis est considéré comme le premier roi de France. En mettant sur un pied d'égalité les Francs conquérants et les Gaulois dépositaires d'une florissante civilisation, il fait de ces deux peuples une seule nation : le *Regnum Francorum* (royaume des Francs), premier État de l'Occident •

PETIT-fils de Mérovée et fils de Childéric (roi d'une tribu de Francs établie à Tournai), Clovis se lance d'abord à la conquête du dernier État gallo-romain à lui barrer la route vers le sud : le royaume du général romain Syagrius. En 486, il lui enlève sa résidence à Soissons, dont il fait sa capitale. Il étend ainsi son autorité jusqu'au nord de la Loire par conquête ou capitulation. Cette progression donne lieu à un fameux épisode. Les Francs ayant pillé une église de la ville de Reims et emporté un vase précieux, l'évêque Rémi le réclame. Clovis s'engage à le récupérer lors du partage du butin à Soissons. Mais l'un des soldats s'y oppose et frappe le vase de sa hache en disant : « ***Tu n'auras rien, ô roi, que ce que le sort t'accordera*** ». Clovis garde le silence et dissimule sa colère. L'année suivante, alors qu'il passe en revue ses guerriers, il arrive devant le soldat qui a brisé le vase. Prétextant que ses armes sont mal entretenues, il jette à terre la hache du soldat et profitant que celui-ci se baisse pour la ramasser, lui fend la tête en disant : « ***Qu'il te soit fait ainsi que tu as fait au vase, l'an passé, dans Soissons*** ». Le vase de Soissons met fin au système des dépouilles et souligne la nécessité d'un État, garant de la justice face aux féodalités de tous ordres.

Païen, époux de la princesse burgonde catholique Clotilde (493), Clovis se convertit au catholicisme et se fait baptiser par l'évêque de Reims, saint Remi (Noël 496 ? -), ainsi que plusieurs milliers de ses soldats. Une colombe aurait apporté le chrême dans une sainte ampoule. Premier roi barbare catholique, il s'assure ainsi le soutien des Gallo-Romains catholiques et l'appui de l'Église contre les autres Germains ralliés à l'hérésie arienne.

Après une ou deux expéditions

au-delà de la Loire (Bordeaux, Saintes), Clovis défait les Alamans rejetés au-delà du Rhin à la bataille dite de Tolbiac (Zülpich, non loin de Cologne) en 496 et se fait reconnaître roi des Francs rhénans.

En 500-501, des querelles dynastiques lui font lancer une intervention décisive en Burgondie. Le roi burgonde, Gondebaud a éliminé toute la famille de la reine Clotilde. Vaincu près de Dijon (500), assiégé à Avignon, il se hâte de payer un tribut. Puis, Clovis vainc et tue le roi wisigoth Alaric II à Vouillé (situé par certains à Voulon, au sud et non au nord-ouest de Poitiers) en 507, puis domine l'Aquitaine.

Au retour de ses conquêtes triomphales, Clovis se fixe dans le palais romain des Thermes à Paris. Il donne ainsi une nouvelle capitale à la France (508). Il assoit son autorité, mais nombre de tribus lui préfèrent leur roi. Clovis décide alors de supprimer ces rois, bien qu'ils soient ses parents. Il fait exécuter le roi des Francs ripuaires (roi de Térouane), puis celui de Cambrai et unifie ainsi toutes les tribus franques. Peu après, en possession des trois quarts de la Gaule, il meurt. Seuls échappent à son contrôle le bassin du Rhône et la façade méditerranéenne. Clovis est enterré dans l'abbaye de Sainte-Geneviève à Paris (sur l'emplacement de l'actuel lycée Henri-IV), dont il est le fondateur. Ses États sont partagés, selon la coutume germanique, entre ses quatre fils : Thierry (né d'une princesse rhénane), Childebert, Clodomir et Clotaire (nés de Clotilde).

Clotaire Ier

v. 497-561

Roi de Soissons (511-558), roi de Reims (555-558), roi des Francs (558-561)

Fils de Clovis, il est l'un des plus cruels Mérovingiens •

Quatrième fils de Clovis, Clotaire hérite du royaume initial de son père entre Meuse et Manche avec Soissons pour capitale. En 526, il fait assassiner deux de ses neveux (les fils de Clodomir, le second fils de Clovis), héritiers du royaume d'Orléans. Prétextant vouloir leur apprendre à régner pour succéder à leur père mort, Clotaire et son frère Childebert demandent à leur mère Clotilde de faire venir les 3 fils de Clodomir. Une fois les enfants arrivés, ils avouent à Clotilde leur véritable dessein : « *veux-tu qu'ils vivent la chevelure coupée, ou veux-tu qu'ils soient égorgés* ? » La reine, dans son trouble, ayant répondu « ***Plutôt morts que tonsurés*** », les deux aînés sont tués. Seul le dernier, Clodoald, réchappe. Après ce forfait, Clotaire conquiert la Thuringe (région du sud de l'Allemagne) et le royaume des Burgondes (la Bourgogne) en 534. Il lutte contre les Saxons, intervient en Espagne avec Childebert.

À la mort de ses frères en 558, Clotaire réunit leurs pans à ses possessions et devient ainsi pendant trois ans seul roi des Francs.

Il combat Chramne, son fils révolté. L'ayant rejoint en Bretagne où il a trouvé refuge, il le fait brûler avec sa femme et ses enfants (560). Dégoûtée par tant de violence, Radegonde, sa troisième épouse, fille d'un roi thuringien prise à la guerre, embrasse la vie religieuse et fonde un monastère à Poitiers. Quant à Clotaire, peu après l'expédition punitive contre Chramne, il meurt à Compiègne

Momentanément réunifié (558-561), le royaume franc est à sa mort à nouveau partagé entre ses fils.

Clotaire II

584-629

Roi des Francs de Neustrie (584-613) puis de l'ensemble du royaume franc (613-629)

Le « bourreau de Brunehau » s'impose grâce à l'appui d'un clan issu de l'union de deux familles aristocratiques franques d'Austrasie. Ce clan, nommé les « Pipinnides » n'est autre que le fondateur de la dynastie des Carolingiens •

Clotaire II est le petit-fils de Clotaire Ier et le fils de Chilpéric Ier, roi de Neustrie. Ce dernier avait épousé la sœur de Brunehaut, reine d'Austrasie, avant de l'assassiner à l'instigation de sa concubine Frédégonde. Or, Clotaire II est justement le fils de Chilpéric Ier et de Frédégonde. Il est donc d'emblée un objet de haine pour Brunehaut qui, voulant venger sa sœur, entraîne les deux royaumes (Neustrie et Austrasie) dans un conflit long d'un demi-siècle.

Clotaire II n'a que quelques mois, lorsque son père est assassiné, aussi sa mère exerce-t-elle la régence jusqu'en 597. Elle défend le royaume contre Childebert II, roi d'Austrasie. À la mort de ce dernier en 595, Brunehaut devient régente de toute la Gaule de l'Est et du Sud-Est au nom de ses deux petits-fils. Mais son autorité est minée autant par leur rivalité que par un parti de seigneurs austrasiens dévoués à Clotaire II. Les chefs de ce parti, Pépin de Landen et l'évêque Arnoul de Metz appellent Clotaire en Austrasie. Brunehaut lui est livrée. Il la fait traîner à mort attachée par les cheveux à la queue d'un cheval. Ayant conquis l'Austrasie, Clotaire II devient roi de tous les Francs.

Installé au palais de Clichy, entouré de conseillers probes et zélés, il se signale par une constitution perpétuelle, délibérée en 615 par 79 évêques réunis à Paris avec les leudes des trois royaumes. Cette constitution a surtout pour résultat de favoriser l'ambition des leudes dont les bénéfices deviennent de plus en plus souvent irrévocables.

Mort en 629, il est inhumé à Saint Germain des Prés.

DAGOBERT Ier

610-Saint-Denis, 639

Roi d'Austrasie (623-632), roi de Neustrie et de Bourgogne (629-632), puis roi des Francs (632-639)

Son règne fut bref (à peine dix ans), sa vie fut courte (29 ans) et son œuvre ne fut pas durable et pourtant il est l'un des plus célèbres rois. Rare Mérovingien à accéder au trône à l'âge d'homme, il règne pleinement et reconstitue l'unité du royaume franc •

À DIX ans, Clotaire II, son père, le nomme roi d'Austrasie pour satisfaire le particularisme de l'aristocratie austrasienne, que dominent le maire du palais Pépin de Landen et l'évêque de Metz, Arnoul.

À la mort de son père (629), Dagobert est reconnu roi de Neustrie, mais sans l'Aquitaine qu'il annexe à la mort de son frère Caribert en 632. Il soumet à l'ouest les Bretons, au sud les Vascons ou Basques. Au-delà du Rhin, il rend tributaires les Thuringiens, les Alamans, les Bavarois et fait la guerre contre les Vénètes établis dans la vallée du Danube. Il conclut un traité de paix avec l'empereur byzantin Héraclius (631).

Devenu ainsi roi des Francs, il défend les frontières menacées. Il séjourne souvent dans la ville de Clichy, aux environs de Paris, affichant un luxe digne d'un empereur romain. Il parcourt aussi les provinces en rendant la justice et se fait craindre des leudes. Il doit à son tour composer avec les exigences de l'aristocratie austrasienne et lui donne pour roi son fils Sigebert, alors en bas âge (634). Afin d'éviter que Sigebert ne s'approprie un jour la totalité du royaume, il attribue de son vivant à son second fils Clovis II, la Bourgogne et la Neustrie.

Contrairement à ce que semble laisser supposer la chanson du « Bon Roi Dagobert » le roi n'est pas un benêt. Pendant les dix années de son règne, Dagobert jouit d'un pouvoir absolu. Il s'entoure d'habiles conseillers, les futurs saint Éloi et saint Ouen, respectivement évêque de Rouen et orfèvre.

La mauvaise réputation que vaut cette chanson au roi provient de sa date de création, pas très ancienne bien qu'antérieure à 1789 et de ses modifications : remise à la mode en 1814, au retour de la royauté, on y intercala des couplets satiriques d'actualité. Dagobert fait partie de cette nouvelle génération de Mérovingiens plus à l'aise dans les conseils que sur les champs de bataille.

Grand mangeur et buveur, grand amoureux, sa santé était déjà très affaiblie à l'approche de la trentaine. En 636, ayant frôlé la mort, il convoque les principaux dignitaires du *Regnum* et ses deux fils et leur adresse un discours « ***Examinant donc ma conscience et les péchés de mon cœur, méditant sur les comptes que je devais rendre au souverain Roi, j'ai craint son jugement...*** ». Il multiplie les donations aux monastères, confie l'éducation de Clovis à Éloi et rappelle le partage de son royaume : à Sigebert, l'Austrasie, l'Aquitaine et la Provence ; à Clovis, la Neustrie avec le duché du Dentelin et la Bourgogne. Deux ans plus tard, à l'approche de la mort, il se fait transporté à l'abbaye de Saint-Denis, dont il est le fondateur, demandant à y être enterré. Il charge le duc Éga d'être le régent du royaume avec l'accord de la reine Nanthilde, puis meurt le 19 janvier 639. Après sa mort, la dynastie mérovingienne ne cesse de décliner sous les rois enfants, dits rois « fainéants », qui laissent le pouvoir aux factions et aux maires du palais.

Les « rois fainéants »

Ces rois, pour la plupart des enfants, n'atteignirent pas même l'âge d'homme. Leur rôle se limitait à porter le nom de roi, avoir les cheveux longs (signe distinctif de la royauté), s'asseoir sur le trône. Ils représentent l'image du monarque. Ils donnent audience aux envoyés des différents peuples et leur font réponse selon ce que leur dicte les vrais maîtres du royaume : les maires du palais ou les comtes. Relégués dans une *villa* ou une métairie perdue au milieu des bois, ils tenaient une modeste cour, se déplaçant sur des chariots traînés par des bœufs à la manière des paysans et consacrant l'essentiel de leur temps aux plaisirs et à la chasse.

CLOVIS II

v 635-657

Roi des Francs (656-657)

FILS de Dagobert Ier, il lui succède en 639 à la tête de la Neustrie et la Bourgogne sous la tutelle de sa mère Nanthilde et des maires du palais, Éga, puis Erchinoald.

Lorsque son frère, Sigebert III, roi d'Austrasie, meurt, la succession est tumultueuse. Le mariage de Sigebert étant longtemps stérile, Grimoald, le maire du palais a rêvé que son fils hérite du trône. Or, quelques années plus tard, Sigebert et la reine donnent naissance à un fils : Dagobert. À la mort de Sigebert, Grimoald s'arrange donc pour imposer son fils Childebert dit « l'Adopté » contre Dagobert, éloigné en Angleterre. Mais la supercherie est rapidement dévoilée. Clovis II profite de la situation. Il saisit l'opportunité offerte pour se proclamer roi du *Regnum Francorum* au nom de la loi de succession naturelle tant que les partisans de Childebert l'Adopté continuent de le reconnaître comme souverain. En 651, il épouse la future sainte Bathilde, celle-là même qui veuve de son royal époux fait mettre à mort le patriarche de Lyon en 658, un sacrilège qui va valoir aux femmes d'être interdit de tout exercice politique pendant des siècles.

Roi peu aimé, réputé pour certains actes de folie, Clovis nomme maire du palais juste avant de mourir l'un des personnages les plus odieux du royaume : le comte Ébroïn.

Childéric II

v 653-675
Roi des Francs (673-675)

PETIT-fils du grand Dagobert. Deuxième fils de Clovis II et de sainte Bathilde (une Saxonne de Grande-Bretagne), il devient roi d'Austrasie (662-675) à la disparition du roi Childebert l'Adopté (exilé, empoisonné ou mort naturellement) et du père de ce dernier, le maire du palais Grimoald.

La mort de Clotaire III (673), roi de Neustrie et de Bourgogne lui donne l'opportunité de devenir roi des Francs. Dès l'annonce du décès en effet, Ébroïn, le maire du palais proclame roi Thierry III pour éviter toute vacance du trône. Le cadet n'a encore reçu aucune part de l'héritage paternel. Cet acte provoque un soulèvement général non parce que Thierry est un candidat illégitime, mais parce qu'Ébroïn a agi sans prendre l'avis d'un conseil de régence. L'assemblée des Grands se réunit dans le tumulte et proclame Childéric roi du *Regnum Francorum*. Ébroïn est emmené sans ménagement au monastère de Luxeuil. Thierry, capturé également est amené devant son frère :

« – Quel traitement désires-tu ?
– Je veux qu'on me traite en roi. Je suis injustement dépossédé de mon trône, et j'en appelle au jugement de Dieu... »

Pour toute réponse, Childéric relègue Thierry à l'abbaye de Saint-Denis.

Pendant deux ans, le royaume des Francs est réunifié, Childéric acceptant de « donner aux trois royaumes les coutumes de chaque patrie ». Il conforte l'unité du royaume en épousant Blichilde, fille de Sigebert III et sœur de Dagobert, le prince légitime exilé en Angleterre. L'évêque Léger (futur saint Léger) dont l'influence était considérable s'oppose violemment au mariage, tandis que le maire du palais Wolfoald la soutient. Childéric passant outre l'interdit de l'évêque, l'assigne bientôt à son tour à l'abbaye de Luxeuil (10 avril 673), se privant ainsi d'un sage conseiller.

Il fait bâtir le monastère de Saint-Dié et les abbayes de Grégorienmünster et de Fontenelle. Mais prince débauché, emporté et cruel, il se montre de plus en plus tyrannique. Son attitude éveille des rancœurs et il est assassiné au cours d'une chasse dans la forêt de Lognes en même temps que la reine et son fils aîné Dagobert.

Il est inhumé à Saint-Germain des Prés.

Thierry III

v 654-691
Roi des Francs (679-691)

Petit-fils du grand Dagobert. Troisième et dernier fils de Clovis II et de sainte Bathilde (une Saxonne de Grande-Bretagne). Thierry III aurait du devenir roi de Neustrie et de Bourgogne, à la mort de son frère Clotaire III, mais l'ambition de Childéric II le prive de son domaine.

Lorsque Clotaire III meurt en 673, le maire du palais Ebroïn pour éviter toute vacance du trône proclame Thierry roi. Le cadet n'a, en effet, encore reçu aucune part de l'héritage paternel. Cet acte provoque un soulèvement général non parce que Thierry est un candidat illégitime, mais parce que Ebroïn a agi de son propre chef sans prendre l'avis d'un conseil de régence. En réaction, l'assemblée des Grands se réunit, proclame Childéric II roi du *Regnum Francorum* et destitue Thierry. Ébroïn est exilé à Luxeuil. Tonsuré de force, Thierry se retrouve relégué à l'abbaye de Saint-Denis et placé sous la garde de l'abbé Chardéric, futur évêque de Beauvais.

À la mort de Childéric II, assassiné en 675, l'évêque d'Autun, Léger (futur saint Léger), tout juste libéré vient accompagné des leudes de Neustrie et d'Austrasie tirer Thierry de sa prison abbatiale. À l'âge de 20 ans, Thierry retrouve donc le trône. Malheureusement pour le jeune roi, Ébroïn a lui aussi recouvré la liberté. Il suscite un usurpateur, un certain Clovis soi-disant fils de Clotaire III, s'empare du pouvoir, s'auto-proclame maire du palais et commence une répression sanglante, l'une des pires de la dynastie mérovingienne. À peine rétabli, Thierry est à nouveau renversé

Le prétendu roi Clovis ayant disparu, seule la mort du roi d'Austrasie, Dagobert II en 679 fait de Thierry le roi des Francs. Cependant, les Austrasiens, toujours rebelles à toute tutelle choisissent pour les diriger non un roi, mais le maire du palais, Pépin d'Herstal et son frère Martin. Une première bataille opposant Neustriens et Austrasiens à Lifou-le-Grand, près de Toul tourne à l'avantage des premiers. Martin est tué. Pépin d'Herstal prépare sa vengeance, favorisée par l'assassinat d'Ébroïn (681), qui affaiblit la Neustrie en 680. Il l'emporte à Tertry (près de Saint Quentin) en 687. Pépin de Herstal devient le nouvel homme fort. Il laisse toutefois Thierry sur le trône. Le roi fantôme garde son titre et sa dignité jusqu'en 691, se contentant de se rendre aux conseils royaux dans un chariot attelé de bœufs. Les États francs à nouveau réunis passent sous la tutelle d'une famille, qui s'est suffisamment illustrée, pour détrôner les Mérovée.

Thierry est enterré auprès de son épouse Clotilde (ou Rothilde) dans la basilique Saint Vaast d'Arras dont il est le fondateur.

CLOVIS IV

v. 682-695
Roi des Francs (691-695)

FILS aîné de Thierry III, il est désigné par le maire du palais et vrai souverain du royaume Pépin de Herstal pour monter sur le trône à la mort de son père. Pépin de Herstal fait ainsi réapparaître le droit d'aînesse. Placé sous l'étroite tutelle du maire du palais, ce fantôme de roi règne nominalement pendant 4 ans avant de mourir à l'âge de 13 ans.

CHILDEBERT III

v. 683-711
Roi des Francs (695-711)

DEUXIÈME fils de Thierry III, il devient roi en 695 à la mort de son frère Clovis III. Placé sous l'étroite tutelle du maire du palais, Pépin de Herstal, il ne dispose d'aucun pouvoir réel. Plusieurs campagnes sont menées contre les Frisons et les Alamans sous son règne. Il meurt à l'âge de 28 ans après 16 ans de règne, un record de longévité pour les rois fainéants.

DAGOBERT III

v. 699-715
Roi des Francs (711-715)

FILS de Childebert III, il devient roi en 711 à l'âge de 12 ans. Le maire du palais, Pépin de Herstal, et véritable maître du royaume l'a choisi de préférence à son oncle Clotaire majeur, mais le jeune homme meurt à l'âge de 16 ans.

Il est l'un des derniers Mérovingiens, rois sans pouvoir presque tous morts dans la fleur de l'âge. Aussi est-il clair aux yeux de tous les Francs que c'est la famille de Pépin qui est désormais considérée comme royale.

CHILPÉRIC II

v. 670-720
Roi des Francs (720)

FILS de Childéric II, il a survécu au massacre de ses parents, relégué dans un monastère sous le nom de Daniel. En 714 et 715 meurent tour à tour Pépin de Herstal, le maire du palais depuis 40 ans et le roi Dagobert III, mérovingien sans pouvoir. Rainfroi, le successeur de Pépin, en profite pour tirer Chilpéric de son monastère et une fois ses cheveux repoussés, il est proclamé roi en Neustrie (715). D'emblée, il doit affronter les Austrasiens et leur chef, le futur Charles Martel. Chilpéric l'emporte d'abord grâce à son alliance avec Radbod (Frison), mais Charles écrase les Neustriens dans la forêt des Ardennes (716). Devenu duc d'Austrasie, Charles cherche à faire la paix avec Chilpéric, qui se dérobe. Le 21 mars 717, une terrible bataille s'engage : l'armée neustrienne est anéantie, le roi se réfugie auprès d'Eudes d'Aquitaine avec les trésors royaux et... Charles entre triomphalement dans Paris. Il proclame roi, Clotaire IV. Chilpéric II ayant manqué la couronne ne désarme pas pour autant et allié au duc d'Aquitaine, il continue à harceler Charles. Mais ce dernier écrase aussi bien les Aquitains que les Neustriens. C'est alors que Clotaire IV, roi fantôme meurt. La victoire le rendant maître de tout le *Regnum Francorum*, Charles décide par vengeance de se fait livrer Chilpéric par Eudes. Puis par calcul ou magnanimité, il le proclame roi des Francs vers 720. Souverain dénué de tout pouvoir, Chilpéric s'exile dans sa *villa* d'Attigny au bord de l'Aisne où il meurt oublié à la fin de 720.

THIERRY IV

v. 713-737
Roi des Francs (721-737)

FILS de Dagobert III, il monte sur le trône en 721 mais sous l'étroite tutelle du tout-puissant maire du palais Charles Martel. Celui-ci multiplie les campagnes contre les Frisons et les Saxons, soumet la Thuringe et la Bavière, et arrête les Arabes à Poitiers (732). Il meurt dans sa *villa* de Chelles. À sa mort, Charles Martel donne une preuve éclatante de sa puissance en laissant le trône vacant et gouverne ainsi jusqu'en 741.

CHILDÉRIC III

?-755
Roi des Francs (743-752)

FILS de Chilpéric II, proclamé roi en 743 après une vacance du trône organisée par Charles Martel, puis par les fils et successeurs de Charles Martel : Pépin le Bref et Carloman. Il doit sa nomination à une révolte que Pépin et Carloman espèrent ainsi calmer.

Après le retrait en 747 de son frère Carloman, qui se fait moine, Pépin le Bref devient maire du palais de Neustrie, de Bourgogne et d'Austrasie. Fort de sa puissance, il peut se passer de roi. Soutenu par le pape Zacharie, Pépin le Bref convoque une assemblée à Soissons en 752 et dépose devant elle Childéric III. On lui coupe sa longue chevelure, signe distinctif des rois francs, puis il est relégué dans l'abbaye de Saint-Bertin, à Saint-Omer. Il y meurt quelques années plus tard, dernier des rois mérovingiens, aussi obscur et impuissant que ses prédécesseurs. Pour mettre fin à la dynastie, son fils Thierry est emprisonné à l'abbaye de Fontenelle.

Les Pippinides

Chef de l'aristocratie austrasienne, Pépin de Landen se nomme ainsi en référence à son domaine familial de Landen dans l'actuelle Belgique. Il possède d'importantes propriétés dans le Brabant, la Hesbaye et le Namurois. Il est l'époux d'une femme réputée pour sa vertu Itta, originaire d'Aquitaine, sœur de Modoald évêque de Trêves et également propriétaire de grands biens. Pépin et Itta éduquent leurs enfants dans la rigueur : Gertrude future abbesse de Nivelles, Beggha qui épouse Anségisel, fils du duc de Metz Arnoul (dont descendent les Carolingiens) et Grimoald. Gertrude et Beggha seront canonisés. C'est le roi mérovingien Clotaire II qui choisit de prendre le maire du palais d'Austrasie dans cette famille riche. Il nomme Pépin successeur de Radon, maire du palais. Celui-ci commence à exercer son pouvoir sous le jeune Dagobert installé à Metz. Il s'impose rapidement et rend sa fonction héréditaire. Les descendants de Beggha constituent la branche principale des Pipinnides. Par son mariage avec Plectrude, riche propriétaire dans la région de Cologne et de Trèves, le fils de Beggha, Pépin de Herstal, enracine la fortune familiale et peut s'appuyer sur l'aristocratie installée dans le duché des Ripuaires et en Austrasie. Parmi ses descendants également nommés maires du palais s'illustrent alors Charles Martel, qui assoit la puissance de la famille par ses grandes victoires et enfin Pépin le Bref, qui fonde la dynastie carolingienne.

Les Pippinides

Pépin Ier de Landen (585-640)
maire du palais d'Austrasie (626-629 et 639-640)

3 enfants dont

saint Arnoul (v. 582-v.640)
évêque de Metz

2 enfants dont

Grimoald Ier (616-662 ?)
maire du palais
d'Austrasie (643-662 ?)

Begga *épouse* **Anségisel (mort avant 685)**
maire du palais d'Austrasie (629-639)

Pépin II de Herstal (v.635-714)
maire du palais d'Austrasie (679-714)
maire du palais de Neustrie et de Bourgogne (687-714)

+ Alpaïde (2de épouse)
2 enfants dont

Charles Martel (v.688-741)
maire du palais d'Austrasie (716-741)
maire du palais de Neustrie et de Bourgogne (719-741)

+ Chrodtrude (1ère de 3 épouses)
4 enfants dont

Carloman (v.715-755)
maire du palais d'Austrasie (741-747)

Pépin III le Bref (v.715-768)
maire du palais
de Neustrie et de Bourgogne (741-751)
maire du palais d'Austrasie (747-751)
roi des Francs (751-768)

CHARLES MARTEL

v. 688-Quierzy-sur-Oise, 741

Maire du palais d'Austrasie (716) de Neustrie (719), il impose son autorité aux rois mérovingiens et devient le véritable maître du royaume des Francs (737-741). Son surnom de « Martel » (marteau) lui vient de l'énergie qu'il déploie pour imposer sa politique •

FILS illégitime de Pépin d'Herstal et d'une femme nommée Alpaïde, il doit d'abord s'imposer à la mort de son père (714) face aux enfants de la première épouse légitime Plectrude. Emprisonné par cette dernière, il s'évade, réunit une partie de l'aristocratie austrasienne et remporte sur les Neustriens les victoires d'Amblève (716) et de Vincy (717). Il consacre ainsi définitivement le triomphe de l'Austrasie et unifie l'État mérovingien. Il gouverne sous l'autorité fictive des rois mérovingiens Chilpéric II, puis Clotaire IV et Thierry IV. Il vainc les Saxons, les Frisons et soumet la Thuringe ainsi que la Bavière.

Il est célèbre par sa victoire de Poitiers (25 octobre 732) contre les Arabes d'Espagne. Contrairement au caractère définitif que cette bataille a laissé dans les mémoires, cependant, la victoire de Poitiers stoppe la progression des musulmans, mais ne l'arrête pas. Charles doit revenir plusieurs fois pour chasser les Arabes de la vallée du Rhône, de la Provence et de la Septimanie. En 737, il livre encore des batailles acharnées autour de Narbonne. Les combats durent plus de 20 ans.

Après sa victoire de Poitiers, Charles soumet fermement l'Aquitaine et la Provence.

Il laïcise les biens du clergé et distribue certains domaines de l'église aux leudes pour les récompenser. Au même moment, cependant, il soutient le pape dans sa politique d'évangélisation en Bavière, Frise et Saxe, protégeant notamment saint Boniface. Les missions suivent les armées. Charles Martel a compris qu'une pacification durable passe nécessairement par la christianisation des populations païennes. Cette alliance avec la papauté sera poursuivie par ses successeurs Pépin le Bref, son fils, et Charlemagne, son petit-fils.

À la mort du roi Thierry IV en 737, Charles Martel qui n'est que maire du palais donne la preuve éclatante de sa puissance en ne nommant pas de successeur au trône. Il écarte ainsi le fantôme de la royauté mérovingienne sans prendre le risque de s'approprier le titre de roi. Cette modestie ne trompe personne : le pape Grégoire III l'appelle le « vice-roi ». Allié aux Lombards contre les Arabes, affaibli par la maladie, il doit renoncer à secourir le pape Grégoire III menacé par ces mêmes Lombards.

Il meurt le 22 octobre 741 à sa villa de Quiersy-sur-Oise et est enterré à Saint Denis auprès des rois mérovingiens. Il a fait rédiger par son demi-frère une chronique officieuse, qui continue une l'œuvre du Pseudo-Frédégaire Il laisse son royaume partagé entre ses fils Carloman et Pépin le Bref.

CARLOMAN

v. 715-Vienne, 755

FILS aîné de Charles Martel, il hérite à la mort de son père de l'Austrasie, de la Souabe et de la Thuringe. Il aide son frère Pépin le Bref, à combattre les Alamans, les Bavarois et les Saxons. Il soutient l'œuvre réformatrice de saint Boniface, rend aux églises une partie des biens, qui leur avaient été enlevés par Charles Martel, et réforme la discipline ecclésiastique. Attiré (par nature ou par obligation) par les affaires religieuses, il se fait moine en 747 et se retire au monastère du Mont-Cassin (Italie), où il finit ses jours sous la règle sévère de saint Benoît. Pépin le Bref hérite de ses territoires.

Les Carolingiens

Deuxième dynastie des rois francs. Bien que fondée par Pépin le Bref, elle tire son nom de son plus illustre représentant, Charlemagne. Elle succède à la dynastie des Mérovingiens en 752, lorsque Pépin le Bref destitue justement le dernier Mérovingien, Childéric III et se fait proclamer roi des Francs. Elle a donné 13 rois, dont 5 ont été en même temps empereurs d'Occident.

La dynastie des Carolingiens mène une habile et patiente stratégie d'alliances et de mariages. Elle est issue de l'union de deux puissantes familles d'Austrasie dont l'origine remonte à Pépin de Landen, maire du palais, et saint Arnould, évêque de Metz.

Son règne, brillamment amorcé par Pépin le Bref (751-768), fils de Charles Martel, connaît son apogée sous Charles Ier le Grand ou Charlemagne (768-814), empereur d'Occident. Dès lors le destin de la famille carolingienne coïncide avec celui de l'Europe. Les Carolingiens règnent sur la Gaule, la Germanie occidentale, le massif alpin, l'Italie du nord.

À la mort du fils et successeur de Charlemagne, Louis Ier le Pieux (814-840), l'empire, soumis aux raids normands depuis 840 mais aussi à la coutume franque des partages, est démembré entre les trois petits-fils de Charlemagne au traité de Verdun (843), l'un des événements les plus importants du Moyen Âge. Les trois principaux peuples d'Europe se séparent. Une France, une Italie et une Germanie indépendantes se forment. Lothaire Ier (840-855) reçoit la Francie médiane, Louis le Germanique (843-

876), la Germanie et Charles II le Chauve (843-877) règne sur la Francie occidentale, futur royaume de France.

Le partage de l'empire se poursuit sous Louis II le Bègue (877-879), Louis III (879-882) et Carloman (879-884). Charles III le Gros tente de reconstituer l'unité de l'Empire mais après sa mort les forces centrifuges l'emportent. Les deux tentatives pour rétablir la dignité impériale, celle de Charles le Chauve en 875 et celle de Charles le Gros en 885 restent donc sans lendemain. En dépit d'une activité culturelle et artistique brillante, un processus de déclin s'amorce, accentué par les dissensions internes et les invasions.

Charles III le Simple, Louis IV d'Outre-Mer, Lothaire et Louis V le Fainéant sont les souverains carolingiens sous tutelle de la France au Xe siècle. Rois de nom, ils ne le sont guère de fait et se retrouvent bientôt définitivement écartés du pouvoir par les Capétiens. Occupés par leurs querelles de succession, ils se montrent incapables de défendre la France contre les envahisseurs, normands en particulier. Ainsi, se constituent les liens de protection et le régime de la féodalité fonde la nouvelle organisation de la société au cours des IXe et Xe siècles.

Les Carolingiens règnent jusqu'en 911 et en France jusqu'en 987, disputant durant tout un siècle le trône aux Robertiens (ancêtres des Capétiens).

Sous les Carolingiens, l'Europe occidentale constitue un ensemble régi par des institutions uniformes. Cette dynastie apporte aussi, par le recours au sacre des rois, une innovation capitale. Si les Mérovingiens sont rois par la volonté des Francs, les Carolingiens le sont par la volonté de Dieu, bien que l'hérédité reste fragile et que tous les Carolingiens soient dans la réalité élus par les Grands. Le sacre de Pépin le Bref marque le début de la monarchie de droit divin qui devait rester jusqu'à la Révolution française. Alliés du Saint-Siège menacés par les Lombards, les Carolingiens sont aussi les défenseurs de la Chrétienté.

PÉPIN LE BREF

Jupille, 715-Saint-Denis, 768
Roi des Francs (751-768)

Fils de Charles Martel et père de Charlemagne, il est le fondateur de la dynastie des Carolingiens. Surnommé « le Bref » (le petit), à cause de sa courte taille, il est réputé pour sa force extraordinaire. •

À LA mort de son père Charles Martel (741), Pépin devient maire du palais et reçoit la Neustrie, la Bourgogne et la Provence. Son frère Carloman hérite de l'Austrasie et de la Thuringe. Tous deux gouvernent un royaume sans roi depuis la mort de Thierry IV (737). Confrontés à de nombreuses oppositions, ils doivent se montrer conciliants. Même s'ils défont Odilon, duc de Bavière, en 743, il leur faut rétablir roi Childéric III pour apaiser les adeptes de la dynastie mérovingienne.

Tous deux rendent aux églises une partie des biens qui leur avaient été enlevés par Charles Martel, réforment la discipline ecclésiastique à l'occasion de plusieurs conciles (743-747). Carloman s'étant fait moine (ou ayant été forcé de se faire moine en 747), Pépin gouverne seul. Il doit faire face aux intrigues de Grifon, fils naturel de Charles Martel, qui se fait reconnaître duc de Bavière, avant d'être battu et de se voir confier Le Mans en dédommagement.

Soutenu par le pape Zacharie, Pépin profite de sa position de force pour convoquer une assemblée à Soissons en 752 et déposer devant elle. Le dernier roi mérovingien Childéric III se retrouve enfermé dans une abbaye et Pépin se fait proclamer roi des Francs, puis se fait sacrer par les évêques. Sacré une nouvelle fois par le pape Étienne II à Saint-Denis (755), Pépin inaugure la monarchie de droit divin et noue pour longtemps une solide alliance entre Rome et la royauté franque.

Afin de remercier la papauté, il mène deux expéditions militaires contre les Lombards et les force à céder en 756 au Saint-Siège l'exarchat byzantin de Ravenne qu'ils venaient de conquérir, origine des États pontificaux (ils existeront jusqu'en 1870).

Il défend les frontières du royaume. Il bat les Saxons et les Bavarois, reconquiert Narbonne et

Les Carolingiens

Dynastie des Pippinides

Carloman (v.715-755)
maire du palais d'Austrasie (741-747)

Pépin III
maire du palais de N
maire du pa
roi d

Charlemagne Ier le Grand
ou Charlemagne (v.747-814)
roi des Francs (768-814), roi des Lombards (774-814)
empereur d'Occident (800-814)

+ Hildegarde

Charles (v.772-811)
roi d'Aquitaine

Pépin (777-810)
roi d'Italie (781-810)

Louis Ier le Pi
empereur d'Oc

Bernard (v.797-817)
roi d'Italie (812-817)

+ Ermeng

Lothaire Ier (795-855
empereur d'Occident (840-8

+ Ermengarde

Louis II (825-875)
empereur d'Occident (855-875)

Lothaire II (835-869)
roi de Lotharingie (855-869)

Charles (845-863)
roi de Provence (855-863)

ef (v.715-768)
et de Bourgogne (741-751)
ustrasie (747-751)
cs (751-768)
+ Berthe (dite au grand pied) (épousée en 744)

Carloman (v.751-771)
roi des Francs (768-771)

778-840)
814-840)

+ Judith

Pépin Ier (797-838)
oi d'Aquitaine (817-838)
+ Ringarde

Louis de Bavière dit le Germanique (v.806-876)
roi de Germanie (843-876)
+ Emma

Charles II le Chauve (823-877)
roi de Francie occidentale (843-877)
empereur d'Occident (875-877)
+ Ermentrude, fille du comte d'Orléans Eudes

in II (823-864)
Aquitaine (839-852)

Charles III le Gros (839-888)
empereur d'Occident (881-887)
roi de France (884-887)

Louis II le Bègue (843-879)
roi de France (877-879)
+ Ansgarde, fille du comte Hardouin
+ Adélaïde, fille du comte Adalard

uis III (v. 863-882)
de France (879-882)

Carloman (867-884)
roi de France (879-884)

Charles III le Simple (879-929)
roi de France (sacre 893 ; pouvoir 898-879)
+ Edwige, fille du roi du Wessex Edouard

Louis IV d'Outre-Mer (v. 920-954)
roi de France (936-954)
+ Gerberge de Saxe, fille du roi de Germanie Henri Ier

Lothaire (941-986)
roi de France (954-986)

Charles (953-991)
duc de Basse-Lorraine

+ Emma, fille du roi d'Italie Lothaire (966)

Louis V le Fainéant (v.967-987)
roi de France (986-987)

Fin de la dynastie des Carolingiens

le sud de la Gaule sur les Arabes (759) et achève de soumettre les Aquitains révoltés. En effet, le duc Hunald avait été vaincu, mais son fils Waïfre continuait la lutte, qui dura 8 ans (760-768). Chaque année, les Francs passent la Loire, pillent le pays et ce n'est qu'après un long moment et l'assassinat de Waïfre par un des siens que Pépin est considéré comme le chef aussi du midi de la Gaule. Il étend les rapports vassaliques par les serments de fidélité.

Il meurt en 768 plus puissant que ne l'avaient été Clovis et Dagobert. Ayant solidement établi son autorité, il a préparé l'œuvre de son fils, Charlemagne.

À sa mort, son royaume est partagé entre ses deux fils, Charlemagne et Carloman, nés de son union avec Berthe au Grand Pied, fille du comte de Laon.

Charlemagne ou Charles le Grand

747-Aix-la-Chapelle, 814

Roi des Francs (768-814) et des Lombards (774-814) et empereur d'Occident (800-814)

Charles Ier, plus connu sous le nom de Charlemagne (du latin *Carolus magnus*, Charles le Grand) est l'un des souverains les plus célèbres du Moyen Âge. Il est l'un de ces hommes, qui tels César ou Alexandre laissent un souvenir impérissable. Personnage historique et légendaire, « père de l'Europe », il donne son nom à la dynastie fondée par son père Pépin : les Carolingiens •

Fils aîné de Pépin le Bref et de Berthe (dite au Grand Pied), il succède à son père, conjointement avec Carloman (768). Il ne s'entend guère avec son frère, mais la mort prématurée de Carloman (771) met fin à toute querelle. Charles, devenu seul roi des Francs, annexe le royaume des Lombards en Italie du Nord et se fait le protecteur des papes. Sa lutte contre l'Espagne musulmane s'étale sur plus de 20 ans (778-802) et aboutit au contrôle de la Catalogne et de la Navarre. L'expédition de 778 est à l'origine de la légende de Roland, commandant de l'arrière-garde de Charlemagne écrasée à Roncevaux par des Gascons (basques).

Dépeint comme fort, intelligent, et intrépide, Charlemagne quitte rarement son cheval et son épée. Les guerres les plus rudes se livrent en Germanie. La Bavière annexée (788), Charlemagne mène une lutte acharnée contre les Saxons, païens qui menacent son royaume à l'est. La guerre de Saxe dure 33 ans et se termine par une victoire des Francs. Quatre mille Saxons sont décapités à Verden (782). Les Saxons sont convertis de force au christianisme. Afin de consolider ses frontières, il annexe la Frise (Pays-Bas actuels) et mène des campagnes contre les Avars installés en Hongrie. Grand conquérant, il participe à 18 expéditions contre les Saxons, 6 contre les Arabes, autant contre les Lombards, etc. finissant par dominer une grande partie de l'Occident.

Aux limites de ses conquêtes sont établies les « marches », zones de protection solidement gardées par l'armée. Afin de protéger la Bavière des Avars, par exemple, un pays frontière, une marche, est créé sous le nom de « pays de l'est » (*Österreich*, Autriche). De même, la marche d'Espagne correspond au comté de Barcelone, la marche de Gascogne au futur royaume de Navarre. Ces marches sont placées sous la direction de chefs spéciaux. La domination de Charlemagne est européenne. Elle comprend la Gaule, le nord de l'Espagne jusqu'à l'Ebre, la plus grande partie de l'Italie, jusqu'au Garigliano ; la Germanie jusqu'à l'Elbe et aux montagnes de la Bohême ; la vallée du Danube jusqu'à l'un des plus importants affluents de ce fleuve, l'actuelle Tisza en Hongrie. Même au-delà de l'Elbe, des populations sauvages, les Wiltzes, les Obotrites, payent tribut. Les révoltes sont réprimées et partout, cent peuples divers, quoique régis par leurs lois particulières, relèvent en dernier ressort de la seule autorité de Charlemagne.

Après 32 ans (plaid général), les comtes sont rétribués de leur travail par des bienfaits. La hiérarchie ecclésiastique est aussi mise au service du pays, Charlemagne n'hésitant pas à nommer les évêques. Allant deux par deux (un comte et un évêque), les *missi dominici* (envoyés du maître) circulent dans les provinces afin de veiller à l'application des décisions de l'empereur consignées dans les « capitulaires ». Ils écoutent les réclamations du peuple, jugent les grands procès. Pour remédier au trop petit nombre de fonctionnaires, Charlemagne développe les liens d'homme à homme à tous les échelons de la société (vassalité). Régulièrement, il tient les assemblées ordinaires chez les Francs, mais il y introduit de grands changements. Évêques, ducs, comtes, séparés de la multitude, délibèrent seuls. Pendant ce temps-là, l'empereur reçoit ceux qui le souhaitent. C'est dans ces assemblées qu'il publie ces ordonnances nommées « capitulaires ».

Charlemagne recrute son armée parmi les hommes libres, qui doivent s'équiper à leurs frais. Tout propriétaire de quatre métairies au moins doit au premier appel se présenter devant le roi armé. Celui qui possède au moins 12 manses doit amener un cheval et avoir le casque et le haubert. Ainsi se constituent l'infanterie et la cavalerie.

Défenseur du christianisme Charlemagne est le premier roi franc à aller en personne à Rome (Pâques 774). Souverain chrétien de presque toute l'Europe, il est le 25 décembre 800 couronné par le pape. Il étend la juridiction de l'Église, introduit le chant grégorien (ou romain) dans les offices, impose à chaque paroisse l'obligation de donner à son église la dîme ou dixième partie des produits de sa terre.

Charles est également le maître d'œuvre de plusieurs travaux d'art. Il fait bâtir un pont de bois sur le Rhin à Mayence, des palais à Francfort-sur-le-Main, à Schelestadt à Ratisbonne, à Magdebourg et surtout à Aix-la-Chapelle, où il fait élever une basilique.

Autodidacte, féru de poésie latine et lisant le grec, l'empereur initie une renaissance intellectuelle conçue pour les laïcs comme pour les clercs. Il encourage le renouveau des études en créant des écoles et en faisant venir à sa cour les meilleurs savants de son temps. L'illustre Alcuin, diacre né à York et attiré en France par les libéralités de l'empereur. Les autres s'appellent Eginhard, historien de Charlemagne, Théodulf évêque d'Orléans et l'un des meilleurs poètes de son temps. Charlemagne étudie aussi la langue germaine et en fait rédiger une grammaire. Le rayonnement culturel de l'empereur devient si grand qu'il parvient jusqu'au grand calife Haroun-al-Rashid, qui envoie à Charlemagne présents et ambassades.

Charlemagne a eu 4 épouses et au moins 5 concubines, dont il a eu 16 enfants. Dès 806, il prévoit le partage de son empire entre les 3 fils, nés de son mariage avec Hildegarde, sa troisième épouse, mais Pépin meurt en 810 et Charles en 811. Seul reste Louis.

CARLOMAN

v. 751 -Samoussy, (près de Laon), 771

FILS cadet de Pépin le Bref et frère de Charlemagne, il reçoit du pape Étienne II l'onction royale avec son père et son frère (755).

À la mort de son père, il hérite d'une partie du royaume comprenant l'Austrasie notamment.

À sa mort, Charlemagne se saisit de ses territoires et enferme ses deux fils dans un monastère après avoir battu Didier, roi des Lombards et beau-père de Carloman, auprès duquel les enfants s'étaient réfugiés avec leur mère Gerberge.

LOUIS Ier LE PIEUX OU LE DÉBONNAIRE

Chasseneuil, 778-près de Ingelheim, 840
Empereur d'Occident (814-840)

À la suite du grand règne précédent, Louis le Pieux maintient une certaine stabilité dans l'empire français et exerce un règne marqué par une forte influence des prélats. Déposé, rétabli, renversé, à nouveau rétabli, il ne donne pas l'image d'un grand souverain •

TROISIÈME fils de Charlemagne et d'Hildegarde, Louis devient roi d'Aquitaine dès 781, puis est associé au trône par son père en 813, après la mort de ses deux frères. Il est sacré empereur avec son épouse Ermengarde à Reims par le pape Étienne IV en 816.

La mort de ses frères, les uns après les autres, lui permet de rassembler l'empire divisé de son père. Mais Louis, dit aussi « le Débonnaire », n'est pas assez ferme pour protéger longtemps l'unité recouvrée des ambitions et des jalousies de ses trois fils : Lothaire (Ier), Louis (Ier le Germanique) et Pépin (Ier). Dès 817, d'ailleurs, il favorise le partage de son vivant de ses royaumes entre eux.

À Lothaire revient l'Austrasie, à Louis la Bavière et à Pépin l'Aquitaine. Quant à Bernard, neveu de Louis Ier le Pieux et petit-fils de Charlemagne, il ne lui reste que l'Italie. Cette décision provoque la révolte de Bernard. Vaincu par l'empereur, il a les yeux crevés et il meurt en 818. Louis Ier profondément chrétien est pris de remords. Il fait pénitence publique à Attigny devant les Grands de l'empire, ce qui affaiblit son prestige. Les difficultés pour régler sa succession s'aggravent alors. Veuf de sa première femme, Ermengarde, en 818, Louis Ier s'est remarié en 819 avec Judith de Bavière, dont il sera trop souvent le jouet. La naissance d'un quatrième fils issu de l'union avec Judith (Charles II le Chauve) remet le partage en question. Louis donne à Charles en 829 les provinces entre le Rhône et le Rhin.

S'estimant lésé Lothaire, soutenu par les peuples se révolte en 830. Il contraint Louis à se plier à ses conditions à l'assemblée de Compiègne. Il l'oblige à éloigner le plus détesté de ses conseillers Bernard, duc de Septimanie et à faire enfermer Judith. Le roi, en personne, doit se retirer dans un cloître.

Jaloux des nouveaux pouvoirs de Lothaire, ses frères se réunissent à l'assemblée de Nimègue (831). Louis le Pieux est rétabli dans tous ses honneurs et Judith rappelée. Lothaire vaincu, dépouillé du titre impérial doit se retirer en Italie.

N'ayant pu recouvrer toute son autorité, le roi affiche toujours une préférence ostentatoire pour son plus jeune fils. Les aînés se révoltent donc une seconde fois en 833. L'empereur se retrouve à nouveau dégradé et humilié au Champ du mensonge. Une nouvelle fois, les enfants victorieux se divisent. Refusant de s'incliner devant Lothaire, Louis le Germanique et Pépin travaillent au retour de Louis le Pieux et le réhabilitent en 834. Survient alors la mort de Pépin, qui laisse un fils. Louis l'écarte de son dernier partage, qui favorise toujours de façon outrancière Charles. Louis le Germanique, réduit à régner sur la Bavière, prend les armes. L'empereur vieux et malade marchant contre lui meurt. À sa mort s'engage une guerre entre tous les héritiers, qui conduit au partage de l'Empire. Sous son règne, l'Empire connaît un essor culturel. Il poursuit la renaissance carolingienne sur les plans administratifs, religieux et intellectuels.

Au plan militaire, Louis le Pieux achève les conquêtes de Charlemagne en soumettant les Bretons, les Saxons et les Slaves de Pannonie. Dès le règne de Louis le Pieux, l'empire franc marque des signes de déclin. Ils tiennent au talent moindre de l'empereur, mais aussi aux difficultés de contrôler un si vaste territoire (les leudes sont de plus en plus puissants et indépendants) et à l'apparition de menace extérieure : l'invasion des Normands et l'assaut des nouveaux barbares.

Charles II le Chauve

Francfort-sur-le-Main, 823-Avrieux, dans les Alpes, 877
Roi de France (843-877) et empereur d'Occident (875-877)

Petit-fils de Charlemagne, cadet et fils préféré de Louis Ier le Pieux, il a longtemps déchaîné le courroux de ses demi-frères jaloux contre leur père. Malgré les circonstances politiques défavorables, les invasions, les révoltes , il a su être l'un des grands Carolingiens •

Fils de Louis le Pieux et de Judith de Bavière, à la mort de son père, il s'allie à son demi-frère Louis Ier le Germanique pour battre à Fontenoy-en-Puisaye (841) leur aîné, Lothaire Ier, qui est devenu empereur d'Occident (840-855). Charles et Louis renforcent leur alliance par le serment de Strasbourg en 842 : Louis parle en langue romane pour être compris des soldats de Charles et inversement, Charles s'exprime en langue germanique. La distinction des langues annonce la distinction des nations. Charles et Louis contraignent Lothaire à faire la paix. Ils signent tous trois le traité de Verdun (843) qui partage entre eux l'Empire.

Charles obtient la Francie occidentale (qui gardera le nom de France) délimitée à l'est par la Meuse, la Saône, et les Cévennes. Régnant sur une France déjà rognée, Charles doit encore lutter contre les Bretons qui veulent leur indépendance(846). Sacré roi dans l'église Sainte-Croix à Orléans par l'archevêque de Sens, Ganelon, en 848, il est contraint de lutter sans cesse pour protéger son royaume. À la mort de Lothaire Ier (855), il participe à la guerre civile, provoquée par l'héritage. Lui et son frère Louis le Germanique s'emparent chacun d'une partie de la Lotharingie en 870. Après la mort successive de ses trois neveux (les fils de Lothaire), il tente de reprendre les provinces de la vallée du Rhône et de la vallée de la Moselle. Il guerroie également en Aquitaine contre son neveu Pépin II (864).

Son règne est très éprouvé par l'invasion des Hongrois, des Sarrasins et surtout des Normands, qui assiègent et pillent Paris en 845, 858 et 861. Il confie le commandement de la défense entre Seine et Loire à Robert le Fort (l'ancêtre des Capétiens).

Le trône impérial restant vacant,

Charles est sacré empereur à Rome par le pape Jean VIII le 25 décembre 875. Il ne réussit toujours pas pourtant à recréer l'unité de l'Empire. À la mort de Louis le Germanique, il est une fois de plus battu par son neveu Louis le jeune à Andernach en 876.

À l'intérieur, Charles veut réorganiser le royaume comme en témoignent ses 470 capitulaires. En 877, il cède aux instances des leudes, de plus en plus puissants, et signe le capitulaire de Quierzy qui consacre l'hérédité des bénéfices. Tout comte qui accompagne le roi peut être en cas de mort remplacé dans sa charge par son fils ou son plus proche parent. Forts de cette recommandation, les comtes vont tout faire pour transformer en souveraineté personnelle la province dont on leur avait simplement confié la surveillance. Le pouvoir du roi se trouve ainsi affaibli.

Sous son règne la Renaissance carolingienne initiée par Charlemagne est à son apogée. En 845, la célèbre Bible de Charles le Chauve est exécutée à l'abbaye Saint Martin de Tours incendiée peu après, le cloître de la cathédrale d'Autun s'élève, Girart de Vienne fonde l'abbaye de Vézelay

Le roi part secourir le pape Jean VIII menacé par les Sarrasins, mais la campagne en Italie est un échec et Charles meurt sur la route du retour en Maurienne. Son fils Louis lui succède.

Louis II le Bègue

846-Compiègne, 979
Roi de France (877-879)

Fils de Charles II le Chauve, sa constitution fragile et son bégaiement le desservent. Il confirme le partage de la Lotharingie fait en 870, par le traité de Fouron avec Louis le Jeune, roi de Germanie, en 878. Louis II le Bègue ne règne que deux ans et meurt en 879. Il ne fait que passer sur le trône comme ses deux fils, nés de son premier mariage avec Ansgarde : Louis III (879-884) et Carloman (879-884). Son autre fils, Charles III le Simple, né de son second mariage avec Adélaïde lui succède plus tard.

Louis III

v. 863-Saint-Denis, 882
Roi de France (879-882)

Fils aîné de Louis II le Bègue, il partage le pouvoir avec son frère Carloman, s'occupant plus particulièrement de la Francie et de la Neustrie. Sous son règne, la dislocation de l'empire de Charlemagne s'accentue. Pour éviter une guerre, il cède la Lotharingie occidentale (880) au roi de Germanie, Louis le

Jeune. Il remporte une victoire sur les pillards normands à Saucourt-en-Vimeu (881). Sans descendance, il laisse Carloman seul roi.

Carloman

v. 867-v. 884
Roi de France (879-884)

Deuxième fils de Louis II le Bègue et petit-fils de Charles II le Chauve, il partage d'abord le royaume avec son frère Louis III, s'occupant plus particulièrement de l'Aquitaine et de la Bourgogne, puis devient seul roi après la mort de ce dernier (882). Il doit reconnaître l'usurpateur Boson comme roi de Provence (879). Il lutte également contre les Normands. Il meurt à 17 ans d'un accident de chasse sans descendance. Le seul héritier du trône devient le dernier fils de Louis II le Bègue, Charles, dit le Simple.

Charles III le Gros

Neidingen, près de Donaueschingen, 839-id., 888
Empereur d'Occident (881-887)

Arrière petit-fils de Charlemagne et troisième fils de Louis Ier le Germanique, il est roi d'Italie (879-887), de Germanie (882-887) et de France (885-887). Son surnom indique sa corpulence •

Après la mort prématurée de Louis III et Carloman, il ne reste plus qu'un fils de Louis II le Bègue : Charles (dit le Simple) âgé de 5 ans. Aussi, les Grands lui préfèrent-ils un autre Carolingien, son cousin Charles (dit le Gros). Le Pape le couronne empereur en 881 et il assure la régence de la France (884-887) pendant la minorité de Charles le Simple. En 885, les Vikings assiègent la capitale et ravagent les environs. Charles préfère acheter leur retrait que les combattre. Cette lâcheté et son incompétence à mâter la révolte des aristocrates en Germanie lui valent d'être déposé à la diète de Tribur en 887. Il serait mort de misère si l'archevêque de Mayence ne l'avait accueilli. Il est le premier et le dernier à unir sous une seule direction les territoires de l'Empire carolingien, divisés depuis 843 (traité de Verdun). Il est remplacé en France par le Robertien Eudes.

Charles III le Simple

879-Péronne, 929
Roi de France (898-922)

Petit-fils de Charles II le Chauve et fils de Louis II le Bègue, il est écarté à quatre reprises du trône : à cause de sa minorité d'abord, puis à sa majorité par les Robertiens Eudes, Robert et Raoul. Dès le XVe siècle les chroniqueurs l'appellent le Simple •

En 893, profitant que le roi, le robertien Eudes est en Aquitaine, Foulques, archevêque de Reims, fait sacrer le jeune prince carolingien, Charles. Après trois ans de lutte, les deux rois en lice négocient la paix. Charles laisse régner Eudes. En contrepartie, il reçoit une partie du royaume et devient l'héritier d'Eudes à sa mort (898).

Devenu roi, son principal mérite est de faire cesser les ravages des Normands en donnant en fief héréditaire la basse vallée de la Seine (911) à Rollon, leur chef. Il vient à Saint-Clair-sur-Epte recevoir l'hommage de Rollon, qui promet de se convertir et d'épouser Gisèle, l'une des filles du roi. Les Normands entrent ainsi dans la famille française. Les Hongrois, en revanche, poursuivent leurs incursions en Bourgogne. Voyant que le roi accepte de donner l'indépendance à l'une de ses provinces, les autres seigneurs réclament à leur tour l'autonomie. Ils forment une ligue et réussissent à faire détrôner Charles III le Simple en 922. Robert, frère d'Eudes et comte de Paris a largement participé à la conspiration. Choisi par les Grands du royaume pour succéder au roi, il est couronné en 922. Charles appuyé par les Lorrains lui livre bataille aux environs de Soissons. Il est vaincu, bien que Robert soit tué (923). Le gendre de Robert, Raoul de Bourgogne devient roi (923-929).

Charles III doit aussi abandonner la Lorraine au roi de Germanie. Il accepte l'aide de son cousin, le comte de Vermandois, qui le trahit et le fait prisonnier à Saint-Quentin. Mais sa femme, la reine Edwige réussit à se réfugier en Angleterre avec le prince héritier. Herbert de Vermandois utilise Charles pour faire pression sur le roi Raoul, puis le replonge en captivité, où il meurt après six ans passés dans la tour du château de Péronne. La chute de Charles marque le déclin définitif des Carolingiens en France.

Louis IV d'Outre-Mer

920-Reims, 954
Roi de France (936-954)

Sacré à 15 ans, mort à 33 ans par accident, au moment où pour la première fois ses affaires prennent bonne tournure, il est un roi sous tutelle, assez malchanceux, victime de trahisons et d'humiliations permanentes •

FILS de Charles III le Simple et d'Edwige, une princesse anglo-saxonne, il est d'abord élevé en Angleterre (d'où son nom) par sa mère après la destitution de son père (922). À la mort de Raoul (936), duc des Francs, qui avait remplacé à la tête du royaume son père, il aurait dû voir le pouvoir lui échapper. En effet, Hugues le Grand, fils du roi Robert tué à Soissons pouvait prétendre à la succession. Mais la couronne ne lui semblant guère désirable, Hugues préfère rappeler pour être couronné le fils légitime du dernier roi carolingien. Louis débarque à Boulogne. Il est accueilli par Hugues et par de nombreux seigneurs qui lui jurent fidélité. Il plaît par sa prestance et sa jeunesse. On lui offre un cheval fougueux, qu'il maîtrise – présage trompeur.

Sacré roi à Laon le 20 juin 936, Louis IV se retrouve à la tête d'un royaume sans domaines. Hugues le Grand est comte de Paris, maître du pays entre Seine et Loire et de la Bourgogne. Herbert domine le Vermandois. Les successeurs de Rollon tiennent la Normandie, les comtes de Flandre contrôlent le Nord. Il y a un roi de Provence. Isolé sur sa montagne de Laon, dernier asile des Carolingiens, Louis IV accepte d'abord la tutelle d'Hugues le Grand, nommé « *dux Francorum* » au lendemain du sacre, puis le combat. Il voit que les prétentions d'Hugues le Grand portent ombrage aux autres princes et en profite. Il rappelle d'Angleterre sa mère Edwige, l'installe à Laon, où elle supplée à son absence pendant ses campagnes. Il donne réparation à Hugues le Noir (frère du roi précédent) en le nommant marquis de Bourgogne.

Otton, roi de Germanie et véritable maître du jeu est alors allié à Hugues le Grand et Herbert de Vermandois. Le 2 octobre 939, Otton écrase les ducs de Franconie et de Lorraine qui ont fait hommage au roi de France. Louis a tout juste le temps d'épouser la veuve de Gilbert de Lorraine, Gerberge, sœur d'Otton et qui, comme telle l'aidera. Affaibli, Louis ne renonce pas pour autant à la guerre, tandis qu'Otton, roi de Germanie est de plus en plus enclin à l'aider à restaurer la paix dans son royaume.

Deux événements font évoluer la situation. La mort d'Herbert de Vermandois, après laquelle Hugues le Grand se montre conciliant. En contrepartie, il reprend à cette occasion son titre de « duc des Francs », dont il n'avait que brièvement joui. L'assassinat du prince normand Guillaume Longue-Épée par le comte de Flandre Arnoul laisse les Normands partagés entre Hugues le Grand et Louis IV. Le roi avait promis Bayeux à son « duc des Francs », mais trouvant l'appui des troupes d'Arnoul, accepte la soumission directe des habitants de la ville. Hugues rompt avec lui aussitôt. Les Normands ne pardonnent pas à Louis son association avec Arnoul, l'assassin de leur prince. Le 13 juillet 945, le roi est fait prisonnier. Libéré il est remis entre les mains d'Hugues le Grand et contraint de lui donner Laon. Cet acte provoque l'indignation de plusieurs princes d'Occident. Otton lui-même se décide à intervenir. Il lui rend Reims. En 948, Louis IV revient exposer à Otton devant la diète d'Ingelheim ses récriminations envers Hugues, L'Église condamne ce dernier venant une fois de plus au secours des Carolingiens. Hugues résiste encore quelque temps, puis se réconcilie avec le roi.

Enfin roi à part entière, Louis IV meurt alors victime d'une chute de cheval le 10 septembre 954. Il avait eu l'heureuse inspiration de donner en mariage sa fille Gerberge à Albert de Vermandois, ce qui vaudra définitivement au Carolingien la fidélité de la famille. Son fils Lothaire, âgé de 13 ans, lui succède.

LOTHAIRE

Laon, 941-Compiègne, 986
Roi de France (954-986)

Placé sous la tutelle des maires du palais successifs, Hugues le Grand, puis Hugues Capet, l'avant-dernier des Carolingiens n'a qu'une étroite marge de manœuvre pour gouverner •

À LA mort du père de Lothaire, Louis IV d'Outre-Mer, Hugues le Grand peut prétendre une nouvelle fois à la succession. Mais il préfère laisser à nouveau la couronne au successeur carolingien légitime. Roi à l'âge de 13 ans, Lothaire gouverne d'abord sous l'étroite tutelle d'Hugues le Grand, puis, à la mort de ce dernier (956) sous la domination de son fils Hugues Capet. Comme le résume l'archevêque de Reims « ***Lothaire n'est roi de France qu'en nom ; Hugues ne l'est pas en nom, mais en acte et en fait*** ».

Placé dans la même situation que son père, Lothaire ne mène toutefois pas du tout la même politique à l'égard de l'Allemagne. Il cherche à conquérir les vallées de la Moselle et du Rhin, berceau de sa famille. En 978, il envahit brutalement la Lorraine et lutte contre Otton II, empereur germanique, qui riposte en ravageant la Champagne, l'Île-de-France et arrive devant Paris. Ces guerres épuisantes favorisent l'ascension d'Hugues Capet et consacrent l'avènement du clan des Robertiens.

Selon la tradition royale franque, jusqu'alors toujours appliquée, tous les fils du roi défunt se partagent son royaume. À la mort de Louis IV d'Outre-Mer, Lothaire aurait donc dû partager avec son frère Charles, âgé d'un an au décès de leur père. Mais il n'en fait rien. Au contraire pour empêcher Charles de faire valoir ses droits, il fait sacrer son fils Louis à peine âgé de 13 ans avec l'assentiment du duc des Francs Hugues Capet. Lothaire a pour successeur son fils, Louis V, dit le Fainéant.

LOUIS V LE FAINÉANT

v. 967-Compiègne, 987
Roi de France (986-987)

FILS de Lothaire, associé au trône dès 978, il succède à son père avec l'accord de Hugues Capet qui aurait pu prendre la couronne à sa place s'il l'avait désiré. Le 8 juin 986, il est sacré à Compiègne. D'emblée sous la tutelle d'un Robertien comme ses prédécesseurs, il est très influencé par sa mère, Emma, fille de l'impératrice Adélaïde, à se rapprocher des Ottoniens. De santé déjà fragile, il voit son règne encore abrégé par un accident. Il est surnommé à tort le Fainéant car l'unique année de son règne ne lui donne pas le temps de faire quelque chose. Sans postérité, avec lui s'éteint la branche française de la dynastie des Carolingiens. Hugues Capet est élu pour lui succéder.

Les Robertiens

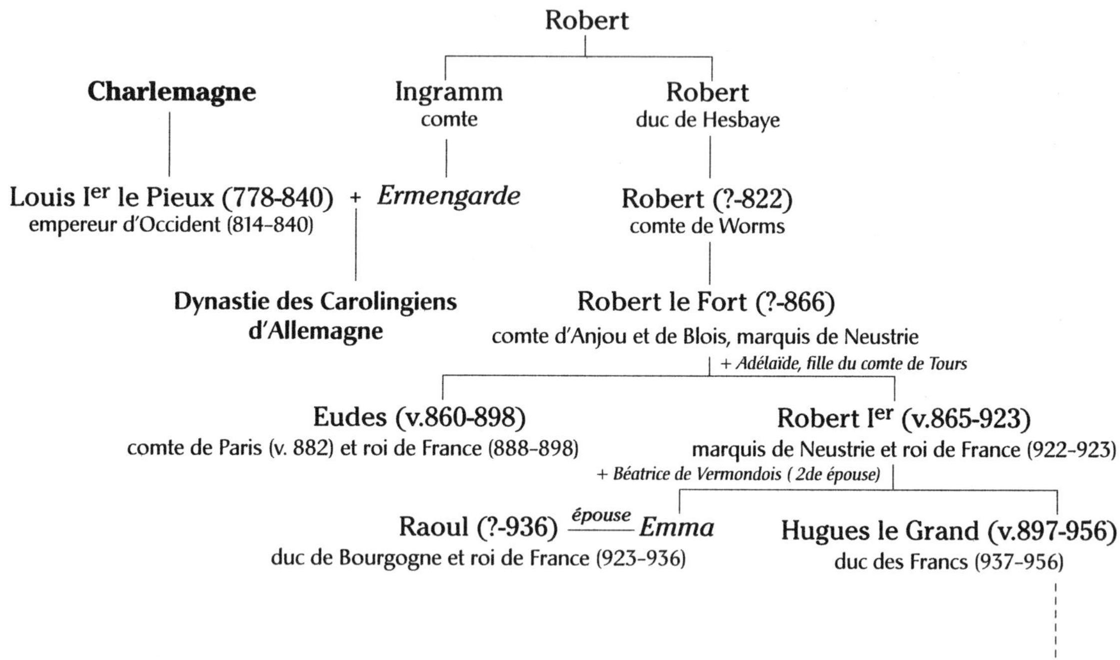

Les Robertiens

Robert le Fort, fondateur de la lignée des « Robertiens » et issu d'une famille neustrienne, s'illustre d'abord comme chef de guerre. Le roi carolingien Charles le Chauve le remarque et lui confie le commandement de marches de l'empire. Robert le Fort déjà comte d'Anjou est titré comme Pépin d'Herstal et Charles Martel « duc des Francs ». Mais, sa fidélité au roi est limitée et il est avec Ganelon, l'un des chefs de l'opposition aristocratique, qui veut offrir la couronne à Louis le Germanique. Tué par surprise dans une embuscade à Brissarthe en septembre 866, il laisse deux fils qui, poursuivant ses exploits guerriers, vont monter sur le trône de France : Eudes et Robert Ier. Puis, la couronne passe à Raoul de Bourgogne, le gendre de Robert et à Hugues le Grand, le fils de Robert qui s'appelle « duc des Francs » laissant au carolingien Louis IV d'Outre-Mer le titre de roi. Hugues Capet, le fils d'Hugues le Grand, en revanche, roi de France fonde la dynastie des Capétiens.

Eudes ou Eude

v. 860-La Fère, 898
Comte de Paris vers 882 puis roi de France (888-898)

Il est le premier roi non carolingien depuis Pépin le Bref •

Fils de Robert le Fort, il s'illustre dans la défense de Paris contre les Normands (885-886). *Le comte Eudes,* dit le poète Abbon, *abattait autant d'ennemis qu'il lançait de javelots.*

Retranché dans Paris assiégé par les Normands, Eudes se porte volontaire pour s'échapper de Paris et aller demander des renforts à l'empereur Charles III le Gros, qui lui, a choisi d'acheter le départ des envahisseurs.

Après l'abdication de Charles III le Gros (887), les grands vassaux nomment roi l'héroïque défenseur de Paris en attendant la majorité du dernier héritier carolingien Charles (dit le Simple). Eudes est donc sacré à Compiègne (888) Il se montre ainsi le digne héritier de sa famille, très puissante dans l'ancienne Neustrie. Déjà comte de Paris, Eudes obtient le titre de duc des Francs comme son père. Il justifie ces honneurs en remportant une nouvelle victoire sur les Normands dans la forêt de Montfaucon en Argonne (888).

Eudes contrôle bien le nord du pays, mais ne peut rien contre les grands laïcs au sud de la Loire. Ne se sentant pas en mesure d'écarter totalement du pouvoir la famille de Charlemagne, Eudes, après avoir combattu son rival carolingien, lui cède une partie du royaume et le reconnaît pour successeur (897). À sa mort, Charles III le Simple monte effectivement sur le trône. Pendant près d'un siècle vont se succéder alternativement au pouvoir les Carolingiens et la famille des nouveaux ducs des Francs.

Robert Ier

v. 865-Soissons, 923
Roi de France (922-923)

Fils de Robert le Fort, frère d'Eudes, marquis de Neustrie, duc des Francs, ancêtre des Capétiens, il se montre d'abord fidèle à son roi et s'illustre dans la lutte contre les Normands (911).

En 920, en revanche, au cœur d'une conspiration, il s'arrange pour être élu par les Grands, révoltés contre Charles III le Simple. Mais il est tué le 15 juin 923 lors d'une bataille remportée pourtant par ses armées à Soissons contre Charles III. Sa mort n'entraîne pas le retour du dit Charles III et c'est son propre gendre Raoul de Bourgogne qui succède à Robert.

RAOUL

?-936

Roi de France (923-936)

GENDRE de Robert Ier, Raoul marquis de Bourgogne participe à la conspiration de son beau-père contre le roi Charles III le Simple (922). Puis, il est choisi par les Francs à la mort de Robert Ier pour lui succéder et régner une fois encore à la place de Charles III le Simple. Pendant son règne, il doit lutter contre Rollon, puis contre Guillaume Longue-Epée, ducs de Normandie. Il doit également combattre de grands vassaux révoltés, comme Herbert, comte de Vermandois. Il doit enfin repousser les raids des Hongrois dans l'est du royaume.

Énergique et courageux, il a résisté aux princes puissants du nord de la France, s'est fait reconnaître par les méridionaux, a pris pied en région rhodanienne. Raoul meurt sans postérité. Le Carolingien Louis IV d'Outre-Mer lui succède.

HUGUES LE GRAND, OU LE BLANC, OU L'ABBÉ

v. 897-Dourdan, 956

Comte de Paris et duc des Francs (937-956)

Il est le père d'Hugues Capet et le vrai fondateur de la dynastie des Capétiens. Il augmente considérablement la puissance de sa famille en se faisant accorder des duchés. On l'appelle le Blanc à cause de son teint pâle et l'Abbé à cause des nombreux monastères dont il est l'abbé laïque. On l'appelle aussi le « duc des Gaules » •

FILS de Robert Ier, neveu d'Eudes. Surnommé le faiseur de rois, il contribue en 922 à la victoire de son père sur le roi Charles III le Simple, puis arrange d'abord l'élection au trône de son beau-frère Raoul de Bourgogne (923), ensuite celle du Carolingien Louis IV d'Outre-Mer (936) et enfin celle de son fils Lothaire. Il élargit considérablement ses possessions en échange de son soutien et est en réalité longtemps le véritable maître du royaume de France.

Il aide Raoul à combattre les Normands et à se faire reconnaître en Aquitaine (924). Nommé *dux Francorum*, « duc des Francs » aux lendemains du sacre de Louis IV d'Outre-Mer, son domaine s'étend de la Loire à la Meuse. Très vite, selon le roi, Hugues est « ***dans tous nos royaumes le second après nous*** ». « Tous nos royaumes » désignent les Francs, les Aquitains, les Bourguignons. Le pape Léon VII le reconnaît comme prince des Francs (937). Hugues se comporte comme une sorte de maire du palais. Il emmène le roi à ses côtés à la conquête de la Bourgogne, reprend Langres à Hugues le Noir (frère du roi précédent, Raoul), lui arrache le nord de son duché, le comté de Sens, puis reconduit Louis IV d'Outre-Mer à Paris avec l'intention de l'y tenir sous sa coupe. Mais le jeune roi se rebelle et donne la Bourgogne à Hugues le Noir. Hugues le Grand le combat alors au prix d'une alliance avec son ennemi de toujours, Herbert de Vermandois. Consommant leur trahison, Hugues et Herbert prêtent hommage à Otton Ier, le roi de Germanie, ce qui engendre un long conflit (940-950). Reims tombe entre leurs mains (942).

Louis IV ne renonce pas à la guerre et Otton vrai maître du jeu est de plus en plus enclin à ce que la paix revienne. Il fait bon marché de l'hommage d'Hugues et l'invite à rendre sa fidélité à son roi naturel. Hugues le Grand se montre plus conciliant. À la mort d'Herbert de Vermandois, Hugues le Grand, dont la sœur n'est autre que la veuve d'Herbert, veille à ce que la succession se passe au mieux pour sa famille comme pour le roi Louis IV. Il s'engage à ce que ses neveux restituent à la couronne certaines abbayes et le comté d'Amiens. Autre signe de bonne volonté, après l'assassinat de Guillaume Longue-Épée, Hugues consent à ce que le roi administre la Normandie pendant la minorité de Richard, l'héritier de Guillaume.

Mais les choses se gâtent. Le roi qui avait promis Bayeux à Hugues profite du soutien des troupes d'Arnoul, comte de Flandre pour accepter la soumission directe de la ville à sa personne. Hugues rompt avec lui et l'emporte. Louis captif est remis entre ses mains. Hugues l'oblige à lui donner Laon. Cet excès d'ambition déclenche les foudres des autres princes et de Otton Ier qui attaquent Hugues et assiègent Reims. En juin 948, Hugues le Grand est excommunié au synode d'Ingelheim. Il doit rabaisser ses prétentions. Il se résout à négocier, continue encore à guerroyer contre des seigneurs fidèles à Louis IV, puis se réconcilie définitivement avec le roi (953).

Louis IV mort, Lothaire lui succède et l'insatiable duc revient à la charge. Il réclame la suzeraineté de la Bourgogne et de l'Aquitaine. Il obtient la Bourgogne. Pour l'Aquitaine, en revanche, l'entreprise s'avère plus compliquée. Il lui faut faire la guerre à Guillaume Tête d'Étoupe qui porte le titre de duc. Hugues emmène Lothaire en campagne, il vainc les troupes de Guillaume, mais doit battre en retraite. L'Aquitaine échappe à Hugues le Grand. En revanche, Richard de Normandie arrivé en âge d'exercer le pouvoir se reconnaît son vassal. Or, à travers la Normandie, il détient la suzeraineté de la Bretagne. Enfin, sa fille Béatrice épouse en 954 le comte Frédéric de Barn très puissant en Lorraine. Il meurt le 16 ou 17 juin 956, maître d'un domaine qui recouvre une grande partie du royaume. Il est inhumé à Saint-Denis près de son oncle Eudes. À sa mort la puissance des Robertiens est à son apogée.

Les Capétiens (I)

Hugues le Grand (v.897-956)
comte de Paris et duc des Francs (937-956)

+ Hadwige de Saxe, sœur de l'empereur Otton Ier

Hugues Capet (v.941-996)
roi de France (987-996)

+ Adélaïde, fille du comte de Poitiers Guillaume III

Robert II le Pieux (v.972-1031)
roi de France (996-1031)

+ Constance d'Arles, fille du comte de Toulouse Guillaume Ier

Hugues (v.1007-1025)

Henri Ier (1008-1060)
roi de France (1031-1060)

Robert Ier (v. 1011-1076)
duc de Bourgogne

+ Anne, fille du grand-duc de Kiev

Philippe Ier (v. 1052-1108)
roi de France (1060-1108)

Hugues le Grand (1057-1102)
comte de Vermandois par son mariage

+ Berthe de Hollande

Louis VI le Gros (v.1081-1137)
roi de France (1108-1137)

+ Adélaïde de Savoie

Louis VII le Jeune (1120-1180)
roi de France (1137-1180)

Robert (v.1123-1188)
comte de Dreux

Pierre (v.1126-1183)
seigneur de Courtenay par son mariage

+ Adèle de Champagne (3e épouse)

Philippe II, dit Dieudonné puis Auguste (1165-1223)
roi de France (1180-1223)

Les Capétiens

Troisième dynastie des rois de France, elle commence à l'avènement d'Hugues Capet (987), élu roi par les Grands du royaume à la place de Charles de Lorraine, dernier prétendant légitime des Carolingiens.

Les Capétiens directs sont au pouvoir de 987 à 1328 avec 15 rois en 341 ans : Hugues Capet (987-996), Robert II le Pieux (996-1031), Henri Ier (1031-1060), Philippe Ier (1060-1108), Louis VI (1108-1137), Louis VII (1137-1180), Philippe II Auguste (1180-1223), Louis VIII (1223-1226), Louis IX ou saint Louis (1226-1270), Philippe III le Hardi (1270-1285), Philippe IV le Bel (1285-1314), Louis X le Hutin (1314-1316), Jean Ier (1316), Philippe V le Long (1316-1322) et Charles IV le Bel (1322-1328).

Bien qu'issu des Robertiens, famille qui a joué un grand rôle politique et qui a donné des rois à la France, Hugues Capet, duc des Francs, n'a, à son avènement qu'une puissance limitée. Son minuscule domaine d'Île-de-France est cerné par de puissants vassaux, notamment les ducs d'Aquitaine, de Normandie et de Bourgogne. La longévité et le pouvoir de sa famille, peu prévisibles à l'origine, s'expliquent par plusieurs raisons. La continuité dynastique est d'abord due à la chance des Capétiens d'avoir tous engendré des héritiers mâles (jusqu'en 1314). Elle vient aussi de leur politique judicieuse, qui choisit la primogéniture et impose la succession héréditaire. L'élection par les Grands met longtemps à disparaître mais jusqu'en 1179, chaque souverain fait de son vivant élire et couronner son fils aîné. À partir de Philippe II

Auguste, la coutume disparaît, ce qui prouve que le principe de l'hérédité monarchique est établi.

Les Capétiens s'attachent avec patience à consolider et à agrandir le domaine royal. Ils imposent au cours du XIIe siècle la suzeraineté royale à tous les seigneurs du royaume, tirant une force particulière du sacre et du soutien de l'Église. En 1328, seuls la Flandre, la Bretagne, la Guyenne, la Bourgogne et quelques fiefs de moindre importance se trouvent en dehors du domaine royal.

Une fois leur domaine agrandi et leur royaume affermi, les grands Capétiens, Philippe II Auguste, Louis IX et Philippe IV le Bel s'attachent à développer une administration centralisée. Sous Philippe II Auguste apparaissent les enquêteurs royaux (bailli et sénéchal) contrôlés sous saint Louis par des enquêteurs royaux. L'appel à la justice royale se développe et une juridiction spéciale, le Parlement, s'instaure progressivement. Philippe IV le Bel réorganise le trésor. À la mort de Philippe V le Long sans héritier mâle, c'est son frère Charles IV le Bel qui monte sur le trône. C'est l'application de la loi salique qui, même si elle n'est qu'invoquée plus tard écarte de toute succession royale les femmes. À son tour sans postérité mâle, Charles IV le Bel amène sur le trône la branche collatérale des Capétiens de Valois. L'élection de Philippe VI, petit-fils de Philippe III le Hardi, au détriment d'Édouard III d'Angleterre, petit-fils par sa mère de Philippe IV le Bel, est l'une des causes de la guerre de Cent Ans.

Hugues Capet

v. 941-996
Roi de France (987-996)

Pour Adalbéron, le puissant archevêque de Reims, qui a été l'un des principaux artisans du sacre, Hugues Capet doit assurer un règne de transition, préparant la réunification de l'Empire carolingien. L'avenir allait quelque peu le détromper, puisque Hugues Capet et les 31 rois de sa lignée s'installent en réalité pour 8 siècles à la tête du royaume. Hugues est le premier roi à parler en langue romane •

FILS aîné d'Hugues le Grand et d'Hadwige de Saxe (sœur d'Otton Ier de Germanie), il est le fondateur de la dynastie capétienne. Son surnom dérive du mot « chape », désignant le long manteau des abbés. En effet, Hugues Capet et son père Hugues le Grand étaient abbés laïques de nombreux monastères, notamment de celui de Saint-Martin de Tours, où est conservée la moitié de la cape de saint Martin.

Jeune, il désapprouve la persécution de Louis IV par son père, les petites guerres stériles de 951-953, la campagne d'Aquitaine. Héritier d'un domaine extrêmement vaste, il cohabite d'abord avec le roi carolingien Lothaire, puis avec son successeur le roi Louis V le Fainéant. En 960, il reçoit en échange du serment de fidélité prêté à Lothaire, le titre de « duc des Francs » inauguré par son père. Ce qui ne l'empêche pas de traverser une longue période d'isolement. En 965, il est juste en mesure d'imposer sa volonté à Orléans, Paris, Senlis, bien qu'il reste capable de mobiliser de très nombreux guerriers en provenance de comtés même très émancipés.

Il se rapproche du roi en l'aidant dans sa lutte contre Otton II. En 979, lorsque Lothaire veut faire sacrer son fils Louis à peine âgé de 13 ans, il va de soi qu'il en demande l'autorisation au duc des Francs Hugues Capet, qui la lui accorde. En retour, Lothaire et Louis confirment et renouvellent les mesures prises en faveur des évêques et des abbés de leur cher duc.

Hugues Capet s'impose de plus en plus grâce à cette alliance avec le monachisme. Il dispose d'abbayes riches en terres. Lié à Cluny par une tradition familiale qui remonte presque à l'origine (Odon abbé de Cluny a connu le roi Eudes, son frère Robert et Hugues le Grand), ami et peut-être élève de Mayeul (nouvel abbé de Cluny), Hugues est très influencé par l'esprit de cette abbaye dès sa jeunesse.

En 987, à la mort de Louis V, il n'y a pas de roi déjà sacré. Mettant fin à la régence simultanée des Carolingiens et des Robertiens, Hugues empêche le successeur carolingien légitime, Charles de Lorraine, frère de Lothaire et oncle du dernier roi carolingien, Louis V, d'hériter de la couronne. Il finit même par le faire emprisonner en 991.

Marié à Adélaïde, la fille du comte de Poitiers, Guillaume Tête d'Étoupe, Hugues se fait élire grâce à l'appui du clergé en 987 par l'assemblée des Grands et est couronné à Noyon le 1er juillet 987. L'un de ses premiers actes « royaux » est de protéger les monastères et leurs biens.

Il gouverne avec les conseils d'Adalbéron, archevêque de Reims son fidèle jusqu'à sa mort (989).

Il lutte contre Charles de Lorraine (oncle de Louis V) et prétendant carolingien légitime à la couronne qui ne cesse de comploter. Les grands vassaux ne l'aident guère dans cette tâche. Ils sont des princes indépendants. L'intrusion de Charles coupe court à l'expédition contre les Sarrasins qui menacent Barcelone. Charles a pour appui le comte de Vermandois et Arnoul, nouvel évêque de Reims et bâtard du roi Lothaire.

Après être venu à bout de Charles, Hugues décide de se passer du pape (autorité normalement absolument nécessaire à la destitution d'un évêque) pour éliminer Arnoul. Le 18 juin 991, Arnoul est condamné à la dégradation ecclésiastique par un concile dit « des Gaules » et remplacé par le fidèle Gerbert.

Bien que roi des Francs, Hugues Capet ne possède qu'un petit domaine en Île-de-France. Il n'est que le premier des seigneurs. Les ducs d'Aquitaine, les comtes de Périgord, de Poitou, d'Anjou, de Champagne, de Flandre, les ducs de Normandie, de Bretagne l'égalent en puissance et lui refusent parfois l'obéissance. Cette situation est illustré par un mot célèbre Hugues écrivant à Aldabert comte de Périgord refusant d'obéir : *« Qui t'a fait comte ? »* s'entend répondre : *« Qui t'a fait roi ? »*. Afin d'assurer l'avenir de sa dynastie, il fait sacrer dès 987 son fils Robert qui lui succède. Le principe de l'hérédité royale est ainsi posé.

ROBERT II LE PIEUX

Orléans, v. 972-Melun, 1031
Roi de France (996-1031)

Son règne est marqué par la grande peur de l'an mil •

FILS d'Hugues Ier Capet qui l'associe au trône dès 988, il lui succède en 996. Élevé comme un clerc, généreux envers les pauvres, plus moine que roi, il compose nombre d'hymnes sacrées pour l'Église, mais sa grande piété ne l'empêche pas de se brouiller avec le pape. Le « bon roi Robert » résiste à l'autorité du pape en épousant sa maîtresse et cousine Berthe de Bourgogne après avoir répudié Rosala, fille du roi d'Italie, alliance honorable, mais guère attrayante pour le jeune roi en raison de l'âge avancé de Rosala. Le pape Grégoire V l'excommunie alors (pour cause de parenté et bigamie) et le roi finit par se soumettre. Il se sépare de Berthe de Bourgogne en 1001, et épouse en troisièmes noces Constance d'Arles, la fille du comte de Toulouse, Guillaume Taillefer. La Cour se trouve bouleversée par l'afflux d'Aquitains, dont l'envie de fêtes luxueuses contraste avec l'austérité habituelle de l'environnement royal. Pendant son règne Robert doit contenir l'ambition des seigneurs pillards du domaine royal. De 1002 à 1016, il lutte pour faire valoir ses droits sur le duché de Bourgogne devenu vacant à la mort de son oncle, le duc de Bourgogne. Il réussit à contrarier l'ambition du comte de Bourgogne Othe-Guillaume et à s'assurer la succession de Bourgogne, dont hérite plus tard son fils Robert et que ses descendants conserveront jusqu'au XIVe siècle. Il réunit également à la couronne les comtés de Paris et de Melun. En guerre avec le comte d'Anjou au sujet de la Touraine, il est battu à Pontlevoy (1016).

Il est le premier roi à avoir ordonné l'exécution d'hérétiques : treize d'entre eux sont brûlés à Orléans en 1022. Afin de conforter l'avenir de sa dynastie, il fait sacrer d'abord son fils aîné Hugues, puis à la mort de ce dernier (1025), son deuxième fils Henri (1027). Mais la reine Constance préférant un autre de ses fils, Robert, le pousse à la révolte. La fin de règne est marquée par la querelle entre les deux frères.

HENRI Ier

1008-Vitry-aux-Loges, près d'Orléans, 1060
Roi de France (1031-1060)

Les trente ans du règne d'Henri Ier sont en dépit de quelques événements surtout occupés par la chasse et les plaisirs. Veuf de sa première épouse, Mathilde, Henri Ier épouse en secondes noces en 1051 Anne, fille du grand duc de Kiev. Belle, intelligente, passionnée de chasse, elle donne à la Cour un éclat certain •

SA mère Constance lui préférant son frère cadet Robert, fait tout pour l'évincer du trône. Mais son père, Robert II le Pieux soucieux de perpétuer la succession héréditaire de l'aîné des Capétiens, l'associe au trône et le fait couronner roi de son vivant (1027) après la mort du fils aîné Hugues. Constance ne désarme pas pour autant et une fois son royal époux défunt, elle excite son favori, Robert (dit le Diable), duc de Normandie à se révolter contre son frère Henri Ier.Afin de contrer l'opposition des grands vassaux qui, comme Constance ou le comte de Blois, préfèrent pour roi son frère cadet Robert, Henri cède à ce dernier le duché de Bourgogne). Cette donation sera lourde de conséquences. La première maison de Bourgogne va durer trois siècles (1032-1361). Sous son influence, le concile de Provence (1041) instaure la trêve de dieu, destinée dans l'esprit de l'Église à limiter les guerres féodales. Du mercredi soir au lundi matin de chaque semaine, les jours de grandes fêtes, l'Avent et le Carême, il est interdit de faire la guerre. Ceux qui ne respectent pas cette défense sont punis d'une amende et bannis.

Sous Henri Ier, la féodalité se renforce, les princes de Bretagne, Aquitaine, Bourgogne se considèrent comme indépendants. Après avoir soutenu Guillaume de Normandie (dit le Conquérant), Henri Ier est défait par lui aux batailles de Mortemer (1054) et Varaville (1058).

Il associe à la couronne son fils Philippe (1059) et organise une éventuelle régence sous l'autorité de Baudoin, comte de Flandre et non de la reine Anne. La précaution n'est pas inutile, un an après, il meurt subitement dans son château de Vitry-aux-Loges près d'Orléans.

PHILIPPE Ier

v. 1052-Melun, 1108
Roi de France (1060-1108)

Roi indolent, resté en retrait de tous les grands événements de son règne, Philippe Ier a eu l'un des règnes les plus longs de l'histoire de France et a agrandi le domaine royal. Philippe est le premier roi à porter ce nom, nouveau dans la famille capétienne et probablement importé d'Orient par sa mère Anne de Kiev •

FILS aîné d'Henri Ier sacré à Reims du vivant de son père le 23 mai 1059, il devient roi à l'âge de 8 ans sous la corégence de sa mère et de son oncle Baudouin V, comte de Flandre. Devenu majeur, il ne cesse de lutter contre les grands féodaux. Il accroît son domaine par diverses annexions : le Gâtinais (1068), le Vexin (1082), la vicomté de Bourges (1100).

Pour la succession de Flandre, après la mort du comte, Philippe Ier monte une expédition, mais il est battu à Cassel en 1071 par Robert le Frison.

Inquiet de la puissance de son vassal Guillaume Ier le Conquérant devenu roi d'Angleterre depuis 1066, il incite à la rébellion le fils de Guillaume, Robert Courteheuse. En 1087, la révolte éclate en Normandie. On raconte que Philippe Ier, parlant de Guillaume le Conquérant qui était d'une corpulence remarquable, dit : *« Quand donc ce gros homme accouchera-t-il ? »* Le Conquérant répondit qu'il *« irait faire ses relevailles à Paris avec 10 000 lances en guise de cierges. »* Il y serait venu lorsqu'à la suite d'un accident il tomba malade et mourut à Rouen (1087).

Son règne est également marqué par de longs démêlés avec la papauté, en raison de sa pratique de la simonie, de son soutien au théologien Bérenger de Tours (dont la doctrine est condamnée) et aussi de son divorce. La répudiation de Berthe de Hollande et son remariage avec Bertrade de Montfort, femme du comte d'Anjou, lui valent d'être excommunié par le pape Urbain II (1095) et l'empêchent de participer à la première croisade (1096-99). Il finit par se soumettre au pape en 1105. Malade, il fait couronner son fils Louis (futur Louis VI) avant sa mort (1100) et, esquisse d'un droit d'aînesse, lui lègue les acquêts du royaume.

Louis VI le Gros

v. 1081-Paris, 1137
Roi de France (1108-1137)

Surnommé le Gros à cause de sa corpulence, il doit aussi à ses qualités réelles bien d'autres surnoms : l'Éveillé, le Père des Communes, le Justicier •

Fils aîné de Philippe Ier et de Berthe de Hollande, associé au trône en 1100, il est sacré à la hâte le 13 août 1108 à Orléans pour éviter tout complot de sa belle-mère Bertrade. En se faisant appeler Louis VI, ce Capétien marque sa volonté de continuité dynastique avec les Carolingiens, le dernier d'entre eux étant Louis V.

À son arrivée au pouvoir, les pouvoirs royaux sont bien malmenés. Le roi n'est plus obéi de ses grands vassaux. Il est reclus à Paris. Conseillé par l'ambitieux sénéchal Étienne de Garlande, Louis pacifie le domaine royal en soumettant les seigneurs pillards de l'Île-de-France. En 1112, il bataille contre Hugues du Puiset et finit par rattacher le comté de Corbeil à son domaine. Le château d'Hugues est rasé (1118). En 1130, Louis écrase Thomas de Marle.

Grand justicier du pays, il est aussi le protecteur des églises et des opprimés. Il doit tenir compte de l'avis de l'abbé de Cluny Pierre le Vénérable et surtout de saint Bernard. Il favorise avec son conseiller, le moine Suger issu de famille pauvre, l'essor urbain et le mouvement communal. La prospérité ayant permis l'enrichissement de la bourgeoisie, de plus en plus, les habitants des villes se groupent en association de métiers pour obtenir par communes des libertés consignées dans une charte. Le roi trouve, en effet, dans les milices communales un appui précieux pour imposer son autorité aux seigneurs turbulents.

Il tente d'enlever la Normandie au roi d'Angleterre, Henri Ier Beauclerc et de soutenir les droits de Guillaume Cliton, mais il est vaincu à Brenneville (1119) et doit faire la paix. Avec l'aide de ses vassaux, il repousse en 1124 une offensive de l'empereur Henri V. Levant la menace d'invasion du royaume par les armées du Saint-Empire romain germanique, qui marchent sur Reims (1124), il augmente le prestige royal.

En 1127, Charles le Bon, comte de Flandre est assassiné à Bruges. Louis marche contre les révoltés et donne le comté de Flandre à Guillaume Cliton, qui décidément peu chanceux meurt bientôt dans une guerre contre un rival.

La mort d'Henri Ier Beauclerc en 1135 sans héritier direct ouvre une rivalité entre les deux prétendants, d'Anjou et de Blois, pour la Normandie. Cette guerre de succession sert les intérêts du roi de France. À la même période, le duc d'Aquitaine se soumet à Louis VI.

Uni à Lucienne de Rochefort pas encore nubile par un mariage annulé par le pape en 1107 pour amadouer le clan séditieux des Montléry-Rochefort, le roi convole en justes noces en 1115 avec Adélaïde de Savoie. Ils ont 9 enfants, dont 6 garçons.

Louis le Gros fait sacrer à Reims son fils aîné Philippe, et à la mort de ce dernier (1131), son second garçon Louis (1131). Malade, à partir de 1135, il ne règne plus que nominalement. Le 25 juillet 1137, le roi assiste au mariage de son fils Louis avec Aliénor, fille unique du duc d'Aquitaine et meurt.

LOUIS VII LE JEUNE

v. 1120-Paris, 1180
Roi de France (1137-1180)

Souverain sans éclat, il est le premier roi de France à partir en croisade et s'affirme ainsi comme le chef du baronnage français. En 1152, il commet l'irréparable en répudiant sa femme Aliénor d'Aquitaine. Libre, Aliénor épouse le comte d'Anjou, duc de Normandie et futur Henri II Plantagenêt. Cet acte déclenche une lutte entre Capétiens et Plantagenêts, qui va durer trois siècles •

SECOND fils de Louis VI le Gros, surnommé aussi le Fleuri, sacré en 1131, il monte sur le trône en 1137 et est couronné à Bourges le 25 décembre 1137. Grâce à son mariage avec Aliénor d'Aquitaine (1137), son domaine royal s'étend jusqu'aux Pyrénées.

Le roi inaugure son règne par deux expéditions malheureuses largement dues à l'influence de sa femme. L'armée royale est d'abord envoyée faire valoir les vieilles prétentions des ducs d'Aquitaine sur le comté de Toulouse, mais bat en retraite (1141). En 1142, alors, le comte de Champagne jugé responsable de cet échec par la reine encourt sa vengeance. Aliénor fait répudier la nièce de Thibaud de Champagne par le comte de Vermandois, qu'elle marie à sa jeune sœur Pétronille. Thibaud riposte en se rangeant aux côtés du pape dans la querelle qui l'oppose à Louis VII au sujet de l'investiture de l'archevêque de Bourges. La guerre contre Thibaud entraîne Louis VII à accomplir un acte barbare. Il fait détruire Vitry (sur Marne 1142) : 1300 personnes meurent brûlées dans l'église. Pour expier cette faute, le roi participe à la deuxième croisade. Il a entendu Bernard de Clairvaux (saint Bernard) prêché à Vézelay (1146). Louis et Aliénor quittent Saint-Denis le 12 mai 1147. Ils atteignent Byzance en octobre 1147. La reine est éblouie par la magnificence des fêtes. Elles cachent un piège. Au départ de Byzance, les croisés tombent sous les coups conjugués des Grecs et des Turcs. Le couple royal embarque alors pour Antioche. Le prince d'Antioche est l'oncle d'Aliénor, Raymond de Poitiers, mais le roi voulant à tout prix faire pèlerinage vers Jérusalem précipite leur départ au grand dam d'Aliénor. Après un échec cuisant contre Damas (1148), la croisade s'avère un échec, l'armée de Louis VII est mise en déroute. Le couple est accueilli par le pape Eugène III.

Au printemps 1149, la nouvelle d'une révolte de Robert de Dreux, frère du roi décide Louis VII à regagner plus vite la France. Il a laissé le pouvoir (1147-1149) à l'archevêque de Reims, au sénéchal Raoul de Vermandois et au sage conseiller Suger. Ce dernier poursuit l'œuvre de Louis VI. À son retour et après la mort de Suger (1152) le roi répudie sa femme dissipée. Aliénor reprend sa dot, se mariant peu après avec le comte d'Anjou, duc de Normandie et futur Henri II Plantagenêt. Cet acte marque le début d'une longue lutte opposant Capétiens et Plantagenêts. Elle permet à Henri futur roi d'Angleterre de constituer un empire plus grand que Louis. Ce dernier se retrouve vite obligé, d'ailleurs de lutter contre la puissance qu'il a fait naître. Il soutient contre Henri II l'archevêque de Cantorbéry, Thomas Becket et favorise les guerres des fils du roi d'Angleterre contre leur père.À l'intérieur Louis VI renforce l'unité du royaume et l'autorité du roi en se rattachant de nombreux vassaux directs. Il fait édifier des villes neuves, telles Montauban (1144). Il proclame la paix du roi à Soissons en 1155. Après la séparation avec Aliénor, le roi épouse Constance de

Castille, qui meurt en couches (1160). Le 13 novembre 1160, il convole en troisièmes noces avec Adèle de Champagne, dont Louis a enfin un fils après 28 ans de règne. Un an avant sa mort, il fait sacrer roi ce fils unique : il s'agit du futur « Philippe Auguste ».

Malade, Louis ne peut cependant pas assister aux cérémonies du sacre. Terminant sa vie de manière monacale, il meurt à Paris.

PHILIPPE II AUGUSTE

Paris, 1165-Mantes, 1223
Roi de France (1180-1223)

Héritier tant attendu de Louis VII, il est le fils d'Adèle de Champagne. Sa naissance inespérée lui vaut d'être surnommé Dieudonné, avant d'être Philippe « Auguste » pour les chroniqueurs. La grande affaire de son règne est le combat contre les Plantagenêts. Il enlève une partie des fiefs que les Plantagenêts possèdent en France. Il affaiblit aussi la féodalité en renforçant le pouvoir royal. Il accroît le domaine royal par une politique de mariage et d'héritage et devient ainsi le plus puissant seigneur d'Europe. Il est représentatif de ces Capétiens fondateurs et conquérants •

SACRÉ du vivant de son père (1179), Philippe lui succède à l'âge de 15 ans. Marié à Isabelle de Hainaut (1180), il réintroduit ainsi du sang carolingien dans sa dynastie et reçoit l'Artois. Il doit gouverner avec le clan de sa mère, le comté de Champagne et celui de ses beaux-parents, le comté de Flandre. Il profite d'une succession disputée pour s'attribuer l'héritage du comte de Flandre décédé. Après avoir vaincu une coalition féodale (comte de Flandre, duc de Bourgogne, comtes de Blois et de Sancerre), il fait reconnaître ses droits sur le Vermandois et l'Amiénois (1185).

Au début de son règne, certains vassaux détiennent un pouvoir semblable au sien. C'est le cas du duc de Normandie, qui est en même temps roi d'Angleterre et souverain de l'Aquitaine, du Maine, de l'Anjou et de la Touraine. Face au danger que constituent les possessions franco-anglaises des Plantagenêts, Philippe II attise les dissensions entre Henri II d'Angleterre et ses

Les Capétiens (II)

Philippe II, c

+ Isabelle de Hainaut

Louis VIII le Lion (1
roi de France (1223-

+ Blanche de Castille, fille du roi Alphonse VIII
12 enfants dont

Louis IX (Saint-Louis) (1214-1270)
roi de France (1226-1270)

Robert Ier
com

+ Marguerite de Provence, fille de Raymond-Bérenger V
11 enfants dont

Philippe III le Hardi (1245-1285)
roi de France (1270-1285)

Pierre (1251-1
comte d'Alençon et d
comte de Blois et de

+ Isabelle,
fille du roi d'Aragon Jacques Ier

+ Marie

Philippe IV le Bel (1268-1314)
roi de France (1285-1314)

Charles (1270-1325)
comte de Valois

Louis (1276-1
comte d'Évreu

+ Jeanne de Navarre-Champagne,
fille du roi Henri Ier

Louis X le Hutin (1289-1316)
roi de France (1314-1316)

Isabelle (v.1292-1358)
épouse Édouard II roi d'Angleterre

+ Marguerite de Bourgogne

Jeanne (1311-1349)
reine de Navarre

Jean Ier
le Posthume (1316)

Édouard III (1312-1377
roi d'Angleterre (1327-1377

Comtes d'Évreux et rois de Navarre

eudonné puis Auguste (1165-1223)
le France (1180-1223)

+ Agnès de Méranie

226)

Philippe (dit Hurepel) (1200-1234)
comte de Clermont et de Bourgogne

i-1250)
ois

Alphonse (1220-1271)
comte de Poitiers
et de Toulouse

Charles Ier (1227-1285)
comte de Maine et d'Anjou, de Provence
roi de Sicile, de Naples, de Jérusalem

**Branche des rois
de Naples-Siciles**

ne,
es

Robert (1256-1317)
comte de Clermont

Ducs de Bourbon

Agnès
épouse Robert II,
duc de Bourgogne

Ducs de Bourgogne

nt

Dynastie des Valois

ilippe V le Long (v.1293-1322)
roi de France (1316-1322)

sans héritier mâle

Charles IV le Bel (1294-1328)
roi de France (1322-1328)

sans héritier mâle

Fin de la dynastie des Capétiens directs

fils, en particulier Richard Ier Cœur de Lion avec lequel il lie amitié. Henri II meurt dans le désespoir (1189). L'année suivante Philippe et Richard partent de concert en croisade. Mais après la prise de Saint Jean d'Acre (juillet 1191) Philippe revient dans son royaume, s'arrange pour que l'empereur Henri IV capture Richard et en profite pour envahir la Normandie. Libéré contre rançon, Richard se venge. Il inflige à Philippe une série de défaites : Fréteval (1194), Gisors (1197), Courcelles (1198). La mort de Richard Cœur de Lion et l'avènement de Jean, bientôt dit Jean sans Terre, au trône d'Angleterre incitent Philippe à reprendre la lutte contre les Plantagenêts. Le roi d'Angleterre ayant été condamné par la Cour de France à la perte de ses domaines français pour félonie (Jean avait enlevé et épousé la fiancée de son vassal Lusignan), Philippe Auguste confisque tous ses fiefs et obtient ainsi la Normandie, le Maine, l'Anjou, la Touraine, le nord du Poitou et la Saintonge. Une vaste ligue se forme bientôt contre un roi aussi puissant. Elle rassemble Jean sans Terre roi d'Angleterre, Otton IV empereur d'Allemagne, le comte de Hollande et bien sûr le comte de Flandre, l'ennemi juré. Exaspéré par la révolte de ce dernier, Philippe Auguste s'exclama, dit-on : *« Par tous les saints, la France deviendra flamande ou la Flandre deviendra France »*.

La victoire de Philippe II sur cette ligue à Bouvines fait du Capétien le plus puissant seigneur de son royaume et d'Europe, après qu'il a annexé au domaine royal le Valois l'Auvergne, l'Amiénois et le Vermandois. Bouvines (27 juillet 1214) est la première victoire nationale. Elle repose sur une véritable stratégie militaire. L'exploit de Philippe est d'avoir remporté le combat avec 1 200 cavaliers contre 1 500 pour Otton. Le comte de Flandre est promené enchaîné dans les rues de Paris.

Philippe II complète ses conquêtes par une politique de centralisation. Il supprime les grands officiers jugés trop puissants et crée les baillis (sénéchaux dans le sud). Hauts fonctionnaires royaux, ils sont révocables et amovibles. Suivant la tendance de l'époque, Philippe II persécute les juifs estimés trop nombreux et trop riches (1182). Il s'appuie aussi sur la bourgeoisie en favorisant le mouvement communal, confie sa trésorerie aux Templiers.

Roi bâtisseur, il contribue à l'agrandissement et à l'embellissement de Paris (le Louvre, les fortifications, la Tour de Nesles). Il dote l'Université de Paris de ses statuts en 1215.

La croisade contre les cathares, prônée par le pape et menée par Simon de Montfort (1208) permet à la royauté de prendre pied dans le Midi. Philippe y envoie son fils.

Ancien croisé, Philippe II entre cependant en conflit avec Innocent III après la répudiation d'Ingeburge de Danemark le jour de ses noces et son remariage avec Agnès de Méranie. Veuf de sa troisième épouse, Philippe finit néanmoins par se soumettre pour éviter d'affaiblir l'autorité de la dynastie royale. Philippe Auguste laisse un royaume dont la taille a quadruplé.

Louis VIII le Lion

Paris, 1187-Montpensier, 1226
Roi de France (1223-1226)

Pressenti pour devenir roi d'Angleterre, il est le vainqueur de Jean sans Terre qu'il poursuit sur l'île même •

FILS aîné de Philippe II Auguste et d'Isabelle de Hainaut, il épouse Blanche de Castille (23 mai 1200). Par cette alliance s'unissent deux petits-enfants d'Aliénor d'Aquitaine et Louis se retrouve neveu de Jean sans Terre, le roi d'Angleterre Les deux pays ne se rapprochent pas pour autant. Le premier fait de guerre de Louis est une bataille livrée et remportée contre Jean sans Terre près d'Angers à La Roche-aux-Moines (2 juillet 1214) à la veille de la bataille de Bouvines.

Autre fait d'armes, son expédition en Angleterre est, elle encore, dirigée contre Jean sans Terre. Vaincu à Bouvines (27 juillet 1214), Jean voit évêques et barons s'élever contre lui. Ces derniers, ulcérés, vont même jusqu'à proposer la couronne d'Angleterre à Louis (1215). Le pape défend à Philippe Auguste de laisser partir son fils. Philippe ne favorise donc pas le départ de Louis, mais le laisse gagner l'Angleterre. Malheureusement, pour l'audacieux Louis, Jean vaincu et affaibli meurt au moment même de son expédition (1216). Les barons anglais ne voient plus alors en Louis qu'un étranger et il doit renoncer à ses prétentions outre-Manche.

De retour en France, Louis se lance dans une brève expédition militaire contre les Albigeois. Raimond VI de Toulouse a en effet embrassé la fameuse hérésie cathare. Simon de Montfort le combat. En 1213, le roi d'Aragon, allié du comte de Toulouse, tombe à la bataille de Muret. Au même moment, Philippe Auguste décide de limiter la puissance désormais démesurée des Montfort. Il envoie son fils Louis régler le problème. Si la première campagne de Louis VIII en 1215 (Montpellier, Narbonne, Toulouse) n'est guère significative, la seconde (1219) est plus concluante. Le propre fils de Simon, Amaury, a remplacé son père à la tête de la croisade contre les Albigeois. Impuissant à mater la révolte du Midi, il propose alors au roi de lui céder les terres conquises par son père Simon. Philippe refuse, mais Louis, proclamé roi, les accepte. Entretemps, cependant, Amaury a perdu le comté de Toulouse.

Premier capétien à ne pas être sacré du vivant de son père, Louis reçoit le sacre le 6 août 1223 à Reims. Il enlève aux Plantagenêts le Poitou (1224), s'empare d'une partie du Languedoc, puis participe, cette fois, à une véritable croisade contre les Albigeois. Louis espère en retirer comme prévu des domaines. Il prend la route vers le Midi, s'empare après un long et terrible siège d'Avignon, puis soumet le Languedoc (1226) où il fait reconnaître son autorité et établit des sénéchaux. Tombé malade, il est contraint de revenir et meurt en route de dysenterie près de Montpensier en Auvergne. Père de 12 enfants, il constitue pour ses fils des apanages : l'Artois à Robert, le Poitou à Alphonse, et l'Anjou et le Maine à Jean (puis à Charles). Mais lucide sur l'affaiblissement qui en résulte pour le domaine royal, il décide à partir de la naissance de Philippe Dagobert que ses fils à venir entreront dans les ordres.

Louis IX ou Saint Louis

Poissy, 1214-Tunis, 1270
Roi de France (1226-1270)

Il est l'un des grands Capétiens. Modèle du prince, du chevalier, croisé, figure légendaire de l'histoire de France et de la chrétienté bien connue grâce aux écrits de Joinville son règne voit l'apogée de la civilisation française du Moyen Âge. Désormais « surmonté d'honneurs », le royaume de France est bien le premier d'Europe •

FILS de Louis VIII, né à Poissy, il n'a que 12 ans à la mort de son père et la régence est exercée par sa mère Blanche de Castille (1226-1234). Avec l'appui de Thibault IV, comte de Champagne, chevalier et poète, Blanche mène une guerre victorieuse contre les grands vassaux révoltés les ralliant un par un (y compris Pierre Mauclerc, comte de Bretagne).

Elle met également fin à la guerre contre les Albigeois. Signé en 1229, le traité de Meaux (dit parfois, de Paris) avec Raimond VII de Toulouse, et le mariage du frère du roi Alphonse de Poitiers avec l'héritière de Raimond VII préparent l'annexion définitive du comté de Toulouse.

Devenu majeur (1234) et marié à Marguerite de Provence (1234), Louis IX laisse sa mère continuer à gérer les affaires. Il ne gouverne personnellement le royaume qu'à partir de 1242.

Une nouvelle révolte d'un grand vassal Hugues de Lusignan, comte de la Marche époux de la veuve de Jean sans Terre, relance les hostilités entre la France et l'Angleterre, qui soutient systématiquement les seigneurs révoltés. Après avoir battu le roi d'Angleterre, Henri III, à Taillebourg et à Saintes, Louis IX profite de la circonstance pour résoudre, temporairement le long conflit franco-anglais. Bien qu'ayant l'avantage, il préfère la paix et signe avec l'Angleterre le traité de Paris (1259). Le traité est marqué de concessions territoriales réciproques (le roi d'Angleterre renonce aux terres perdues depuis Philippe Auguste et le roi de France lui cède le Limousin, le Quercy, et le Périgord).

Le traité de Corbeil signé avec l'Aragon (1258) s'inspire du même principe de concessions réciproques. Le roi Jacques Ier d'Aragon renonce à sa suzeraineté sur la Provence et le Languedoc en échange de l'abandon des droits français sur la Catalogne et le Roussillon.

Le pouvoir de Louis dépasse les frontières de la France. Il arbitre les litiges en Europe. Profitant de l'affaiblissement de l'Angleterre, il départage le pape et l'empereur dans l'éternelle lutte du sacerdoce et de l'empire.

Louis procède aussi à la spécialisation des membres de la Cour royale (une section judiciaire, le Parlement, et une section financière, les « gens de comptes ») et étend à tout le royaume une juridiction d'appel en multipliant les cas royaux. La charge de prévôt, qui donne le pouvoir de participer à l'administration de Paris, était jusqu'alors vendue aux bourgeois de

Paris, ce qui favorisait la corruption. Elle devient une fonction payée comme les autres et Louis nomme à ce poste un homme intègre : Étienne Boileau. Larrons et criminels disparaissent ainsi de Paris.

Soucieux de faire régner l'ordre et la justice, il interdit les vengeances familiales et le duel judiciaire, pratiques courantes. Il interdit aussi les guerres privées (1245). Il crée les enquêteurs royaux afin d'éviter les abus des baillis et des sénéchaux. Après la première « grande enquête nationale » les serviteurs indélicats sont priés de restituer promptement au roi les sommes indûment perçues (1247).

L'imagerie populaire le représente animé d'une foi ardente. Il rend la justice sous le chêne de Vincennes, fait l'aumône aux pauvres, impose les mains aux aveugles et aux lépreux, préfère la compagnie des Frères mendiants à celle des Princes. Joinville nous rapporte une de ses devises :

« Gardez-vous de faire et de dire rien que, si tout le monde le savait, vous ne puissiez reconnaître : je ai ce fait, je ai ce dit. »

De sa générosité légendaire, néanmoins, sont exclus les cathares et les juifs. Il soutient l'Inquisition en Languedoc (Montségur tombe en 1244), oblige les juifs à porter la rouelle écarlate.

Deux fois croisé à l'heure où les croisades ne sont plus guère dans l'esprit du temps , Louis IX, voit ses entreprises aboutir à des échecs. Voulant frapper au cœur de la puissance musulmane, il entreprend la septième croisade en Égypte (1247). Il se rend à Aigues-Mortes, d'où il gagne la mer par canaux. Le 29 mai 1249, il prend Damiette, mais est vaincu et fait prisonnier à Mansourah (8 février 1250). Son frère Robert d'Artois trouve la mort dans la même expédition. Libéré contre rançon, Louis passe quatre ans en Syrie franque. Il fortifie les places de Césarée, Jaffa, Sidon et Saint-Jean-d'Acre. Pendant son absence, Blanche de Castille a repris la régence, mais la nouvelle de la déroute des armées multiplie les désordres. Des bandes de paysans, les « pastoureaux » pillent tout sur leur passage.

Blanche meurt en 1252 et le roi est obligé de rentrer. Il profite des 16 années, où il reste en France pour poursuivre la réorganisation du pays. En 1262, Louis assure à la monnaie royale l'avantage d'être utilisée partout, tandis que celle des seigneurs n'a cours que sur leurs terres. La monnaie royale se répand ainsi partout en France. Louis incarne le passage de la monarchie féodale (un roi, des vassaux) à la monarchie moderne (un chef de l'État, des sujets).

Malgré la lassitude des barons, et son grand âge, Louis entreprend la huitième croisade contre l'Égypte (1270). Sur les conseils intéressés de Charles d'Anjou, son frère et roi de Sicile, il se dirige vers Tunis, d'où partent régulièrement des bandes de pirates qui pillent les côtes du royaume de Naples et de la Sicile. Arrivé devant la ville, il meurt de la peste le 25 août 1270.

Sous son règne s'épanouit la civilisation : renommée de la Sorbonne (qui tient son nom d'un conseiller de saint Louis, Robert de Sorbon), où enseigne Saint Thomas d'Aquin, construction de la Sainte-Chapelle, des Quinze-vingts, sculptures et vitraux de cathédrales.

Louis IX est canonisé par le pape Boniface VIII (1297) 27 ans seulement après sa mort. Il a bénéficié d'une conjecture sans grandes famine ni épidémie. Père de 11 enfants, l'aîné Louis étant mort en 1260, son fils Philippe lui succède.

PHILIPPE III LE HARDI

Poissy, 1245-Perpignan, 1285
Roi de France (1270-1285)

Fils de Louis IX (Saint Louis), héritier de la couronne à 15 ans (après la mort de son frère aîné Louis), Philippe est doux, facilement influençable, assez inculte, très pieux et bon chevalier, ce qui lui vaut son surnom •

ACCOMPAGNANT Louis IX à la huitième croisade, il est proclamé roi à Tunis à la mort de son père (1270). Il en revient escorté de nombreux cercueils : ceux de son père, de la reine, de son frère, de son oncle Alphonse comte de Toulouse, de l'épouse d'Alphonse, héritière des Raymond, et de son beau-frère Thibaud, roi de Navarre. Sur le chemin du retour, en outre, il perd sa femme Isabelle d'Aragon épousée en 1262.

Sacré à Reims en 1271, il reçoit en héritage d'Alphonse de France, le Poitou, l'Auvergne et le comté de Toulouse (1271) conformément au traité de Meaux (1229). Il réussit une campagne contre le comte de Foix. Il cède au pape Grégoire X le Comtat Venaissin (Avignon 1274). C'est à partir de cette date et pour 5 siècles que le Saint-Siège possède un territoire en France.

Le domaine royal s'agrandit aussi des comtés d'Alençon et du Perche hérité de Pierre, frère du roi (1283) et par achat des comtés de Nemours (1274) et de Chartres (1284). Plusieurs années de négociations avec Édouard Ier d'Angleterre aboutissent au traité d'Amiens (1279) qui donne satisfaction aux Anglais pour l'Agenais.

En revanche, l'extension du domaine français vers le royaume espagnol provoque de longues guerres obscures et infructueuses contre Pierre III d'Aragon. Elles occupent tout le début du règne de Philippe.

Le roi intervient en Navarre, il soutient les deux veuves, Blanche de France et Blanche d'Artois dépouillées. La première trouve refuge en France, la seconde fiance sa fille Jeanne au propre fils du roi et futur Philippe le Bel.

Enfin, Philippe le Hardi soutient la politique sicilienne de son oncle, Charles Ier d'Anjou, en s'opposant à Pierre III d'Aragon considéré comme l'instigateur du massacre des Vêpres siciliennes (1282) et excommunié par le pape. Ce dernier donne le royaume de Naples au fils de Philippe le Hardi, Charles de Valois, Philippe engageant alors une croisade contre l'Aragonais (1284-1285), mais les maladies déciment l'armée qui rentre en France avec le roi. Il meurt lui-même de malaria peu après à Perpignan.

Il épouse en secondes noces Marie de Brabant (1274). Mais de son premier mariage avec Isabelle d'Aragon, il a trois fils : l'aîné Louis meurt, le second Philippe est son successeur et le cadet Charles est à l'origine de la branche des Capétiens-Valois.

PHILIPPE IV LE BEL

Fontainebleau, 1268-id., 1314
Roi de France (1285-1314)

Fils de Philippe III le Hardi et d'Isabelle d'Aragon, il doit son surnom à sa beauté, « Ce n'est ni un homme ni une bête, c'est une statue ». Ayant reçu la Champagne et la Navarre par son mariage avec Jeanne de Navarre (1284), il porte le premier, le titre de « roi de France et de Navarre ». L'acquisition de la Navarre est momentanée, mais celle de la Champagne définitive. Il est l'un des principaux artisans de l'unité française avec Philippe Auguste et Louis IX. Son règne est considéré par les historiens comme l'un des plus importants mais aussi des plus déconcertants •

PERSONNALITÉ énigmatique, peut-être simple instrument entre les mains de ses conseillers juridiques, les légistes, Philippe est le souverain d'un État fort et centralisé. Peu aimé de ses sujets, il fait faire de grands progrès à la royauté, bien que sous son règne, le domaine royal ne connaisse pas d'importants agrandissements.

Il monte sur le trône à l'âge de 17 ans et met fin d'emblée aux guerres stériles contre l'Espagne (traités de Tarascon et d'Anagni, 1291 et 1295). À l'égard de l'Angleterre, préfiguration de la Guerre de Cent Ans, il fait envahir la Guyenne (1294-1299), puis la rend à Édouard par la paix de Montreuil (1299) cimentée par un double mariage : celui de sa sœur Marguerite avec Édouard Ier et celui d'Isabelle sa fille avec le fils d'Édouard. Personne ne pouvait imaginer alors que Philippe le Bel étant père de trois fils, cette double alliance allait donner aux rois d'Angleterre des droits à la couronne et provoquer 100 ans de guerre. La paix est rétablie en 1303 (traité de Paris).

Il tente d'annexer la Flandre en emprisonnant le comte Gui de Dampierre (1295) et en lui confisquant son fief, plaçant à la tête de celui-ci un gouverneur français. La tyrannie de ce dernier provoque un terrible soulèvement des Flamands à Bruges : les Mâtines brugeoises (17-18 mai 1302). L'armée française est taillée en pièces par les communes flamandes à la bataille de Courtrai, appelée aussi des « Éperons d'or » (11 juillet 1302). Le roi ne participe pas directement à la bataille, ce qui lui sauve probablement la vie. En revanche, il combat à Mons-en-Pévèle (18 août 1304) et victorieux peut ainsi acquérir, par la paix d'Athis-Mons (juin 1305), Lille, Douai et Béthune. Du côté de l'Empire, le roi reçoit d'Otton de Bourgogne, le comté de Bourgogne, actuelle Franche-Comté (mars 1295). La noblesse comtoise s'en indigne. L'acquisition la plus importante de Philippe le Bel est le rattachement définitif de Lyon (sous dépendance du Saint Empire romain germanique, puis de l'Église) à la France en 1312. Elle témoigne de l'extension du territoire vers l'est.

Pieux, mais anticlérical, Philippe le Bel s'oppose à l'ingérence de la papauté dans les affaires françaises. Il entre en conflit avec Boniface VIII qui s'oppose à la levée, sans son accord, de décimes sur le clergé et à l'arrestation et la condamnation de Bernard Saisset, évêque de Pamiers. Les bulles envoyées par le pape, rappelant la théocratie pontificale (notion essentielle au Moyen

Âge), aggravent les tensions et Philippe le Bel décide la convocation des premiers États généraux (1302-1303) qui appuient avec force la politique royale. Soutenu par l'opinion publique, il remet en cause la validité de l'élection du pape et le fait malmener par ses envoyés. C'est l'attentat d'Anagni (1303) auquel le pape succombe peu après. Le roi fait alors élire un pape français qui vient s'installer en Avignon en 1309. Cette solution qui met fin au conflit et qui doit rester provisoire se prolonge durant trois quarts de siècle.

Sous l'influence des légistes, en particulier Pierre Flote, Guillaume de Nogaret et Enguerrand de Marigny, la centralisation monarchique s'accentue par la spécialisation de la Cour royale en sections judiciaires (Chambres des enquêtes et Chambre des requêtes) et en sections financières (Chambre des deniers et surtout Chambre des comptes, créée de fait après sa mort en 1320). Il fixe le Parlement à Paris, établit le Grand Conseil pour l'assister dans les décisions politiques. Grande innovation, il recourt à la consultation populaire par des assemblées de barons, prélats, consuls, échevins et maires de communes, qui préfigurent les États généraux. Il convoque ces derniers à plusieurs reprises pour s'assurer du soutien de sa politique.

Le problème le plus difficile à affronter est cependant celui des finances, le roi ne pouvant plus gouverner avec les seuls revenus du domaine royal. Philippe le Bel s'attache à le régler en tentant d'imposer des impôts réguliers, en taxant lourdement les juifs (expulsés en 1306) et les Lombards et en procédant à des mutations monétaires, ce qui lui vaut la réputation de faux monnayeur. Il met en place la maltôte (mauvaise taille) un impôt sur les biens et la gabelle, impôt sur les ventes de denrées et particulièrement le sel.

Bon père de famille, attaché à son épouse, il est très pieux, voir dévot. Dans « l'affaire des Brus », il ne défend pas ses belles filles accusées d'adultère au risque de laisser sans héritier le royaume.

De même avec les Templiers, dont il convoite sûrement aussi les immenses richesses, il se montre intransigeant et fait condamner au bûcher leurs chefs – dont Jacques de Molay (1314) – après avoir obtenu du pape la suppression de leur ordre (1312).

La crise économique, générale en Europe et le déclin des foires de Champagne, laissent à la mort du roi un pays mécontent.

Louis X le Hutin (le Querelleur)

Paris 1289-1316

Roi de Navarre (1304-1316). Roi de France (1314-1316)

Son accession coïncide avec une crise de subsistance, qui marque la fin du beau XIIIe siècle et une réaction féodale très vive. Il doit lutter contre les ligues féodales. Son surnom évoque un règne agité •

FILS aîné de Philippe IV le Bel, roi de Navarre à la mort de sa mère en 1304, il succède à son père en 1314. Il est sacré à Reims le 24 août 1315.

Il doit faire face à la réaction aristocratique. Au printemps de 1315, le roi leur accorde des chartes : chartes aux Bourguignons, aux Picards, aux Champenois, etc. Les nobles recouvrent ainsi une partie des droits qui leur avaient été supprimés par Philippe le Bel.

À la demande de son oncle, Charles de Valois, Louis X doit sacrifier Enguerrand de Marigny. Ce conseiller de Philippe le Bel, surintendant des finances poursuivi par la haine des nobles est pendu au gibet de Montfaucon.

Le comte de Flandre, Robert de Béthune, ayant refusé de prêter hommage au roi, Louis réunit les États généraux à Bourges en 1316. L'armée royale entre en Flandre, mais s'embourbe dans la pluie et l'inaction. De retour à Vincennes, Louis succombe d'une maladie respiratoire.

Louis a d'abord été marié à Marguerite de Bourgogne. Impliquée dans « l'affaire des Brus » de Philippe le Bel, elle est répudiée, emprisonnée et Louis la fait étrangler en 1315. Il épouse en secondes noces Clémence de Hongrie, dont il a un fils posthume Jean Ier. En attendant la naissance, conformément à la loi salique, la couronne passe au frère de Louis, Philippe, qui devient Philippe V le Long. Louis X marque son règne court – un an et demi – par une ordonnance sur l'affranchissement des serfs.

Jean Ier le Posthume

1316 **Roi de France (1316)**

FILS posthume du roi Louis X le Hutin et de Clémence de Hongrie. Jean Ier est l'héritier tant attendu. Mais il ne survit que 5 jours, peut-être assassiné à l'instigation de son oncle Philippe. Pour la première fois depuis 987, il n'y a pas de successeur direct au trône. La couronne passe donc au deuxième fils de Philippe le Bel.

PHILIPPE V LE LONG

v. 1293-Longchamp, 1322
Roi de France (1316-1322) et de Navarre

Deuxième fils de Philippe IV le Bel et de Jeanne de Navarre, il ressemble beaucoup à son père à tous points de vue •

COMTE de Poitiers en apanage, il est déclaré régent du royaume à la mort de son frère Louis X le Hutin (1316). Il se rend à Lyon où le conclave se réunit depuis deux ans sans réussir à élire un nouveau pape. Il fait fermer toutes les issues et menace de faire ôter le toit. Devant tant de ténacité, les cardinaux s'empressent d'élire un pape français, Jean XXII, au siège de la papauté d'Avignon. C'est de cette élection que date la coutume de mise au secret des cardinaux en conclave.

Le fils posthume de Louis X le Hutin, Jean naît alors, mais ne survit que quelques jours. Philippe s'empresse de se faire proclamer roi. Il se fait sacrer le 9 janvier 1317 malgré l'opposition de nombreux barons qui voulaient placer sur le trône la fille de Louis X, Jeanne (de Navarre). Parmi eux se trouvent Charles, le frère de Philippe et Eudes IV, duc de Bourgogne. Leurs ambitions s'apaisent lorsque le fils unique de Philippe meurt à l'âge de 8 ans. Charles devient alors héritier du trône et Eudes épouse Jeanne la fille aînée du roi.

Homme énergique, Philippe poursuivit l'œuvre administrative de son père. Après avoir mis fin à la guerre de Flandre commencée sous Philippe le Bel (1320), il développe les milices urbaines, l'administration financière (organisation du Trésor, institution de la Chambre des comptes, 1320), tente d'unifier les poids et mesures et déclare inaliénable le domaine royal.

Marié avec l'une des filles du comte palatin de Bourgogne, Jeanne, Philippe a 6 enfants. Lorsqu'éclate « l'affaire des brus » de Philippe le Bel, Jeanne qui fréquente Marguerite et Blanche quotidiennement est, elle aussi, accusée. Mais grâce à l'absence de preuves et au soutien de son époux, elle est acquittée. En la conservant pour femme, Philippe évite ainsi des troubles en Bourgogne. Philippe V meurt sans héritier mâle. Selon la loi salique, son frère, Charles IV le Bel, lui succède.

Charles IV le Bel

v. 1294-Vincennes, 1328
Roi de France (1322-1328)

Le premier Charles des Capétiens reprend la suite de la lignée des Carolingiens en se désignant le quatrième de ce nom. Sans postérité masculine, il est le dernier des Capétiens directs, la couronne passant ensuite aux Capétiens Valois •

TROISIÈME et dernier fils vivant de Philippe le Bel, il succède à son frère Philippe V le Long, mort sans héritier mâle.

Sacré à Reims le 11 février 1322, il s'efforce de réorganiser les finances et la justice. Il exile les banquiers lombards qui pratiquent l'usure. Il doit faire face à une nouvelle révolte de la Flandre en 1322, qui se termine par la paix d'Arques (1326).

Les tensions avec l'Angleterre reprennent de plus bel et Charles IV prononce la confiscation de la Guyenne, que son oncle Charles de Valois conquiert en 1324 ; après la mort d'Édouard II en 1327, une partie des conquêtes est rendue à son successeur, Édouard III.

Il répudie sa première femme, Blanche de Bourgogne impliquée dans l'affaire des « brus » (1314) infidèles de Philippe le Bel, se remarie à Provins en 1322 avec Marie de Luxembourg. C'est d'ailleurs à l'occasion d'un séjour en Languedoc en sa compagnie qu'il favorise la fondation de l'Académie des Jeux floraux de Toulouse.

Marie étant morte en couches en 1324 sans lui laisser d'enfants vivants, il épouse alors Jeanne d'Évreux qui ne lui donne que des filles.

À sa mort, selon le droit féodal, la couronne aurait dû passer à Édouard III, roi d'Angleterre, petit-fils de Philippe le Bel par sa mère Isabelle (qui affiche bien mal à propos sa liaison avec Mortimer) et neveu des trois derniers rois.

C'est alors que la loi salique qui écarte Édouard III du trône devient une loi nationale. Elle seule permet, en effet, de préférer au prince étranger un prince français. C'est donc à son cousin Philippe VI de Valois, qu'échoue la couronne. Les relations deviennent alors très tendues avec les Plantagenêts, annonçant la guerre de Cent Ans.

Les Valois

Branche des Capétiens qui régna en France de 1328 à 1589. Charles, qui avait reçu de son père Philippe III le Hardi, le Valois en apanage, en fut l'initiateur. Son fils, Philippe VI monta sur le trône après la mort, sans héritier mâle, des trois fils de Philippe IV le Bel.

Trois branches de Valois se succédèrent. Les Valois directs régnèrent de 1328 à 1498 (Philippe VI, Jean II le Bon, Charles V, Charles VI, Charles VII, Louis XI et Charles VIII). Les Valois-Orléans furent représentés par Louis XII, arrière petit-fils de Charles V. Les Valois-Angoulême, descendants aussi de Charles V, leur succèdent de 1515 à 1589 (François Ier, Henri II, François II, Charles IX et Henri III). Le trône de France passe ensuite à la maison de Bourbon (Henri IV).

Les Valois

Les dates indiquées pour les rois, l'empereur et les ducs de Bourgogne sont celles de l'exercice de leur pouvoir

Charles (1
comte d

Philippe VI de V
roi de Franc

Jean II le Bo
roi de Franc

Charles V le Sage (1338-1380)
roi de France (1364-1380)
+ Jeanne de Bourbon, fille du duc Pierre Ier

Charles VI le Fou (1368-1422)
roi de France (1380-1422)
+ Isabeau de Bavière, fille du duc Étienne II
12 enfants dont

Charles VII le Victorieux (1403-1461)
roi de France (1422-1461)
+ Marie d'Anjou,
fille du roi de Naples Louis II
12 enfants dont

Louis XI (1423-1483)
roi de France (1461-1483)
+ Charlotte de Savoie,
fille du duc Louis II

Charles VIII (1470-1498)
roi de France (1483-1498)
+ Anne, duchesse de Bretagne
4 enfants morts en bas âge

Fin de la branche directe des Valois

Louis (1372-1
duc d'Orléa
+ Vale
7 enfa

Dyna

Charles (1394-1465)
duc d'Orléans
+ Marie de Clèves, fille du duc
Adolphe IV (3e épouse)

Louis XII (1462-1515)
roi de France (1498-1515)
+ Anne de Bretagne, veuve
4 enfants dont

Claude (1499-1524) *épouse*

7 e

Henri II (151
roi de France (15
+ Catherine de Médicis, fille du duc Laurent
10 enfants dont

François II (1544-1560)
roi de France (1559-1560)

Charles IX (1550-1574)
roi de France (1560-1574)

325)
is
guerite d'Anjou, fille du comte Charles II

(1293-1350)
-1350)
ne de Bourgogne, fille du duc Robert II

19-1364)
)-1364)
ne de Luxembourg, fille de Jean Ier, roi de Bohême
nts dont

Seconde maison de Bourgogne

Philippe Le Hardi (1342-1404)
duc de Bourgogne (1363-1404)

Jean Sans Peur (1371-1419)
1404-1419

conti, fille du duc de Naples

Philippe le Bon (1396-1467)
1419-1467

es Valois-Orléans

Charles le Téméraire (1433-1477)
1467-1477

de Valois (v.1400-1467)
comte d'Angoulême

Marie de Bourgogne (1457-1482)

+ Marguerite de Rohan

Philippe le Beau

es de Valois (1459-1495)
comte d'Angoulême

+ Louise de Savoie, fille du duc Philippe II

Charles Quint
empereur allemand 1519-1556
roi d'Espagne 1516-1556

nçois Ier (1494-1547)
i de France (1515-1547)
ont

Marguerite (1492-1549)

+ Henri II d'Albret, roi de Navarre

9)
9)

Jeanne d'Albret (1528-1572)
reine de Navarre

+ Antoine de Bourbon, *duc de Vendôme*
descendant de Robert fils du roi Louis IX
5 enfants dont

nri III (1551-1589)
oi de France (1574-1589)

Marguerite (1553-1615)
la "reine Margot"

épouse

mariage annulé en 1599

Henri IV (1553-1610)
roi de Navarre (1572-1610)
roi de France (1589-1610)

PHILIPPE VI DE VALOIS

1293-Nogent-le-Roi, 1350
Roi de France (1328-1350)

Fondateur de la dynastie des Valois. Son règne marque le début de la guerre de Cent ans •

FILS de Charles le poète, comte de Valois, frère de Philippe IV le Bel et de Marguerite d'Anjou, Philippe de Valois est d'abord régent du royaume. À sa mort, Charles IV laisse, en effet, la reine Jeanne d'Évreux enceinte. L'enfant étant une fille, Philippe est reconnu par les barons (1328) selon le principe de la loi salique, qui écarte ainsi du trône les autres prétendants : Jeanne II de Navarre (fille de Louis X le Hutin) et surtout Édouard III, roi d'Angleterre (petit cousin de Philippe VI et petit-fils de Philippe IV le Bel par sa mère). Philippe est sacré à Reims le 29 mai 1328.

La guerre ne s'engage cependant ni dès l'avènement de Philippe ni directement. Édouard III étant mineur, Philippe VI est reconnu roi, même par son rival, qui vient solennellement dans la cathédrale d'Amiens lui prêter hommage pour la Guyenne (1329). Édouard III se révolte lorsque Philippe VI prétend accroître son pouvoir. Mécontent des empiétements de Philippe VI en Guyenne et de ses intrigues avec ses ennemis écossais, il décide de revendiquer le trône de France. Ainsi débute la guerre de Cent Ans.

Édouard III a pour allié la Flandre. Philippe VI ne cesse en effet depuis son avènement d'opprimer les Flamands révoltés contre leur comte français et a remporté sur eux l'éclatante victoire de Cassel (24 août 1328). La guerre contre l'Angleterre déclarée à partir de 1337 est effective après la victoire navale des Anglais à la bataille de L'Écluse (1340).

La succession du duché de Bretagne, maison française depuis Philippe Auguste, déplace le conflit entre Anglais et Français. Le duc Jean III laisse à sa mort en 1341 une nièce, Jeanne de Penthièvre et son jeune frère Jean de Montfort. La loi salique exclut Jeanne, mais Philippe VI décide magré tout d'être son allié. Par contrecoup, Édouard III prend aussitôt le parti de Jean de Montfort. Comble du paradoxe, donc, Édouard défend une loi de succession qui ruine ses propres prétentions au trône, tandis que Philippe de son côté soutient la théorie qui confirme les titres de son rival.

Puis, éclate l'affrontement entre Édouard III et Philippe. Édouard III débarque en France à l'extrémité de la presqu'île du Cotentin (1346). Il bat à Crécy (26 août 1346) Philippe qui emporté par la défaite doit quitter Paris et il assiège Calais. Au bout de 10 mois, Calais se rend lors d'un épisode immortalisé par Rodin : Édouard III ne consent à épargner la ville que contre la reddition de ses six principaux bourgeois destinés à être pendus. Mais l'épouse d'Édouard obtient leur grâce. Philippe doit conclure une trêve après la prise de Calais (1347), qui restera anglaise jusqu'au XVIe siècle. Son règne est aussi marqué par une grave crise économique, le renforcement de la fiscalité royale pour financer le coût de la guerre et les ravages de la Peste noire (1348). Le roi régularise la gabelle, monopole du sel mis en place par son oncle. Il instaure l'appel comme d'abus (1329) qui permet de recourir à sa personne dans le cas où les évêques abusent de leur pouvoir. Malgré ses revers militaires, Philippe laisse le domaine royal agrandi par l'apport de ses apanages (comtés de Valois et de Chartres, Anjou et Maine) et par l'achat du Dauphiné et de Montpellier en 1349.

Marié à Jeanne de Bourgogne, puis à Blanche d'Évreux-Navarre, Philippe VI a pour successeur son fils aîné, Jean II le Bon (fils de Jeanne).

JEAN II LE BON

Château du Gué de Maulni, près du Mans, 1319-Londres, 1364
Roi de France (1350-1364)

Souverain violent d'une intelligence médiocre, il est surnommé le Bon, c'est-à-dire le Brave parce qu'il est un chevalier courageux. Son règne laisse le souvenir d'une période assez désastreuse pour la France •

FILS aîné de Philippe VI et de Jeanne de Bourgogne, il est sacré roi à Reims en 1350. À court d'argent, dès les premières années de son règne, il doit pour continuer la guerre convoquer les États généraux (1355). Ceux-ci votent de nouveaux impôts, mais exigent en retour un plus grand contrôle sur la gestion du roi : la bourgeoisie s'enhardit.

Jean fait décapiter sans autre forme de procès le connétable Raoul de Briennel, puis donne la charge de connétable à un étranger, Charles d'Espagne. Ce favori ayant été victime d'une conspiration, Jean fait semblant de pardonner aux conspirateurs pour mieux les surprendre et les faire exécuter. Il crée un ordre de chevalerie : l'Étoile.

Jean II le Bon entre en conflit avec Charles II le Mauvais, roi de Navarre, son gendre, qui prétend au trône de France et a trempé dans le complot contre Charles d'Espagne. Arrêté en 1356, Charles le Mauvais se voit confisquer ses fiefs de Normandie. Profitant de ces querelles familiales, le fils d'Édouard III d'Angleterre, le Prince Noir, surnommé ainsi en raison de la couleur de son armure, relance la guerre, qui déchire toujours la Bretagne et a gagné la Normandie. Ayant mobilisé dans sa province de Guyenne une armée considérable, il envahit le Rouergue, l'Auvergne, le Limousin, traverse le Berry... Jean, malgré la supériorité de son armée, est vaincu et capturé par les Anglais à Poitiers (1356). Emmené à Londres, il passe ses 4 années de détention à mener une vie de plaisirs. Son fils (le futur Charles V) assume péniblement la régence. Il doit affronter la convocation des États généraux, réprimer une tentative de révolution et une jacquerie paysanne. De surcroît, Charles de Navarre, qui s'est évadé, sème le trouble dans tout le royaume et encourage les pillards.

Charles V signe le traité de Brétigny (1360). Il consent à payer la rançon de son père cédant à l'Angleterre 3 millions d'écus d'or et plus de 16 des départements actuels : l'Agénois, le Rouergue, le Quercy, le Périgord, le Poitou, la Saintonge, La Rochelle, l'Angoumois, le Limousin, Calais, ...

Achevant de démanteler son royaume, Jean libéré donne à ses fils l'Anjou, le Berry, l'Auvergne. En 1363, notamment il laisse à son plus jeune fils Philippe le Hardi, le duché de Bourgogne. Il rend ainsi indépendante une maison, qui sera bientôt une digne rivale de la dynastie capétienne.

Par souci de l'honneur, apprenant que l'un des otages livrés aux Anglais en garantie du traité de Brétigny s'est évadé – en l'occurrence son fils, Louis d'Anjou –, le roi revient se constituer prisonnier à Londres en 1364, où il meurt. Marié (1332) à Bonne de Luxembourg, la fille du roi de Bohême, puis à Jeanne de

Bourgogne (1350), il laisse le pouvoir à son fils aîné. Son statut de prisonnier libéré et otage de sa libération vaut à la France de devoir continuer à payer la rançon après sa mort.

CHARLES V LE SAGE

Vincennes, 1338-Beauté-sur-Marne, 1380
Roi de France (1364-1380)

Il restaure l'autorité royale et s'empare lors de la guerre de Cent Ans d'une grande partie des possessions cédées aux Anglais après la défaite de Poitiers. Très cultivé, savant (c'est le sens de son surnom « le Sage »), protecteur des arts et des lettres, il est considéré comme un des grands rois de France •

FILS aîné de Jean II le Bon et de Bonne de Luxembourg, il assure la régence durant les captivités de son père à Londres (1356-1360 et 1364). Il doit mater la Jacquerie (1358), révolte paysanne provoquée par les pillards à la solde de Charles II le Mauvais. Peu après, les États généraux essayent de lui imposer une réforme profonde du système de gouvernement, avec un contrôle de leur part, c'est la Grande ordonnance de 1357, ce qui équivaut à une monarchie parlementaire. Ils l'obligent à renvoyer 22 officiers et conseillers du roi que le peuple déteste.

En 1358 éclate la rébellion parisienne dirigée par Étienne Marcel, le prévôt des marchands. Croyant voir arriver les Anglais aux portes de la capitale, Étienne Marcel s'est d'abord rendu célèbre pour avoir organisé la défense de la ville. Chef désigné des bourgeois, c'est ensuite lui qui tente de vaincre les résistances du Dauphin aux demandes des États généraux. Il commence par délivrer Charles II le Mauvais, roi de Navarre, ennemi du roi, puis conduit au palais de la Cité (22 février 1358) des bandes forcenées. La demeure du Dauphin est envahie et Charles assiste épouvanté au massacre de deux de ses conseillers: Robert de Clermont, maréchal de Normandie et Jean de Conflans, maréchal de Champagne. Il tremble pour sa propre vie, mais Étienne Marcel, qui ne souhaite pas sa mort, le protège. Charles en profite pour s'enfuir de Paris, se replier sur la Champagne, rassembler ses fidèles et résister. Il assiège

Paris. Étienne Marcel s'allie avec Charles le Mauvais, mais meurt trahi et assassiné. Le Dauphin, rappelé par une partie de la bourgeoisie que les projets de Marcel effrayaient, pardonne aux insurgés, abolit la Grande Ordonnance de 1357. À l'extérieur en tant que régent, il peut refuser les clauses exorbitantes du traité de paix de son père. Il signe à la place avec l'Angleterre le traité de Brétigny (1360).

Devenu roi le 8 avril 1364, il se heurte à la révolte de Charles II le Mauvais à propos de la succession du duché de Bourgogne. Jean II, son père l'a donné en apanage à son frère Philippe II le Hardi ce que Charles le Mauvais conteste.

Sa constitution fragile l'empêche de participer aux guerres. En revanche, il sait bien choisir ses généraux. Parmi ces derniers, le plus illustre est Bertrand du Guesclin qu'il fait connétable. Du Guesclin lui permet de mettre fin à la lutte contre Charles II le Mauvais à Cocherel (1364). Il débarrasse le royaume des Grandes Compagnies, ces bandes armées qui pillent et terrorisent.

Charles V reprend la guerre contre les Anglais après leur avoir confisqué le Guyenne. Il s'empare de la plupart de leurs possessions (Rouergue, Quercy et Périgord en 1369, Limousin et Poitou en 1372, Aunis et Saintonge en 1373), ne leur laissant à sa mort que quelques places maritimes (Calais, Brest, Cherbourg) et une étroite bande côtière entre Bordeaux et Bayonne. Il met fin à la guerre de succession de Bretagne qui oppose Charles de Blois à Jean de Montfort par le traité de Guérande (1365).

À l'intérieur, entouré d'excellents conseillers, tel Nicolas Oresme, il rétablit une monnaie saine et organise l'impôt de la gabelle. Levant des contributions exceptionnelles pour la guerre, il les transforme peu à peu en impôts permanents.

Roi lettré et bâtisseur, il fonde la Bibliothèque royale, entreprend la reconstruction du Louvre, élève l'hôtel Saint-Paul et la Bastille à Paris. Il reçoit avec faste comme d'égal à égal son oncle, l'empereur Charles VI de Luxembourg à Paris (1378)

Il contribue enfin à l'ouverture du Grand Schisme d'Occident en reconnaissant contre Urbain VI, l'antipape Clément VII.

Marié en 1350 à sa cousine Jeanne de Bourbon, il en a 9 enfants. Sa vie est connue par les écrits de Christine de Pisan. Sur son lit de mort, il décide la suppression des impôts directs, ce qui créera de sérieuses difficultés à son successeur.

CHARLES VI LE FOU

Paris, 1368-id., 1422
Roi de France (1380-1422)

Le règne de Charles VI dure 42 années malheureuses. La démence du roi laisse, en effet, la France livrée aux luttes de partis et à la guerre contre l'Angleterre •

FILS aîné de Charles V, il monte sur le trône à l'âge de 12 ans, recevant le sacre le 4 novembre 1380, et est placé sous la régence abusive de ses oncles, ducs de Bourbon, d'Anjou, de Berry et de Bourgogne. Le jeune frère cadet du roi Louis d'Orléans ajoutera bientôt ses ambitions à celles de ses oncles. Les rivalités de cette régence détruisent les efforts accomplis au règne précédent. Le gouvernement laisse voir sa faiblesse et ses divisions. De nombreuses révoltes antifiscales éclatent dans plusieurs régions (les Maillotins – ainsi nommés car armés de maillets de fer volés à l'Arsenal – à Paris, la Hérelle à Rouen, les Tuchins en Languedoc).

De surcroît, les villes de Flandre se soulèvent avec Philippe van Artevelde. Finalement, en 1382 Charles VI remporte une victoire décisive sur les Flamands à Rosebeke et Artevelde périt dans la bataille. Le comte de Flandre étant mort, c'est Philippe le Hardi, frère de Charles V et duc de Bourgogne, qui en hérite. L'affaire de Flandre réveille l'hostilité de l'Angleterre, dont l'armée débarque à Calais : la trêve est rompue une nouvelle fois.

Devant tant de maladresses, le roi atteignant 20 ans décide de gouverner personnellement. À partir de 1388, il appelle auprès de lui d'anciens conseillers de son père, les « marmousets ».

Il fait sacrer reine (1389) Isabeau de Bavière, une princesse allemande épousée trois ans auparavant et qui se révélera traître, frivole et débauchée. Ils auront 8 enfants. Il conclut des accords avec Gaston Phébus comte de Foix, Jean, duc de Bretagne, mais se heurte à Richard II, roi d'Angleterre.

En 1392, lors d'une expédition punitive contre le duc de Bretagne qui avait accordé l'asile à Pierre de Craon (coupable d'avoir tenté d'assassiner son connétable et ami Olivier de Clisson), le roi connaît son premier accès de folie dans la forêt du Mans. L'année suivante, le 28 janvier 1393, Isabeau de Bavière organise le Bal des sauvages. Le feu prend aux maillots d'étoupe des danseurs vêtus en sauvage, parmi lesquels se trouve le roi. Charles est sauvé *in extremis* de ce qu'on appellera désormais le Bal des Ardents. À partir de ce moment alternent longs accès de folie et rares instants de raison. La légende prétend que c'est pour le distraire de sa mélancolie qu'on inventa le jeu de cartes.

En 1396, un contrat de mariage liant la fille de Charles VI, Isabelle, au roi d'Angleterre Richard II, annonce la paix. Mais Richard est détrôné par son cousin Henri de Lancastre, qui règne sous le nom d'Henri IV. Les Anglais rouvrent les hostilités et profitent de la grave guerre civile qui déchire alors la France. Elle oppose ducs d'Orléans et ducs de Bourgogne et leurs partisans respectifs à partir de 1407. La querelle commence par un crime. Jean, fils de Philippe le Hardi et duc de Bourgogne, dit Jean sans Peur à partir de 1408, fait assassiner son cousin, Louis d'Orléans rue Vieille du Temple (23 novembre 1407).

Luttes entre Armagnacs et Bourguignons, guerre contre l'Angleterre, ce seront les plus terribles années de la guerre de Cent Ans. Henri IV conclut une alliance avec les Armagnacs en 1412, puis débarque en France. Son successeur Henri V réclame la couronne de France, arrive sur le continent en 1415 et fait subir à l'armée française la désastreuse défaite d'Azincourt (25 septembre 1415). Puis de 1417 à 1419, il s'empare de la Normandie.

Convoqué à une entrevue à Montereau avec le Dauphin Charles, Jean sans Peur est assassiné, Philippe le Bon lui succède et le roi d'Angleterre s'allie avec le parti bourguignon (1419).

À ce renfort s'ajoute la trahison de la reine Isabeau de Bavière en faveur du duc de Bourgogne. Elle aboutit à la signature avec le roi d'Angleterre du terrible traité de Troyes (1420), qui déshérite le Dauphin Charles de la couronne de France et reconnaît Henri V d'Angleterre comme seul héritier légitime de Charles VI, dont il épouse la fille Catherine.

La mort d'Henri V, puis celle de Charles VI laissent un pays ravagé économiquement.

Proclamé roi d'Angleterre et de France à moins d'un an, le jeune Henri, fils de Henri V et de Catherine ne succède pas à Charles VI. Il est remplacé par le Dauphin soit le troisième fils du roi après les morts de Louis et Jean.

Charles VII

22 février 1403- Mehun-sur-Yèvre, 1461
Roi de France (1422-1461)

Dit le Bien Servi, le Victorieux, mais aussi le « roi des merveilles », le maître d'œuvre de la restauration monarchique a été très jeune confronté à des situations exceptionnelles. Son règne, long de près de 40 ans, indissociable de la légende de Jeanne d'Arc et de la fin de la guerre de Cent Ans s'apparente à l'une des dernières grandes épopées médiévales •

Fils de Charles VI le Fou et d'Isabeau de Bavière, dauphin en 1417 après la mort curieuse de ses deux frères aînés, il est à l'occasion de la lutte entre Armagnacs et Bourguignons, chassé de Paris et se réfugie à Bourges. Devenu le « petit roi de Bourges », il n'est plus reconnu que dans le Sud-Ouest et le Midi. Au même moment, le roi d'Angleterre s'empare de la Normandie et Jean sans Peur, duc de Bourgogne, prend le gouvernement en s'alliant avec sa mère, Isabeau de Bavière qui a déclaré Charles « bâtard ». Jean sans Peur tente d'obtenir l'alliance du Dauphin pour le tenir en son pouvoir. Mais leur rencontre à Montereau dégénère en altercation. Jean sans Peur est tué. La vengeance du nouveau duc de Bourgogne, Philippe le Bon et d'Isabeau de Bavière s'abat sur Charles. Il est déchu et déshérité au profit du roi d'Angleterre, Henri V par le traité de Troyes (1420) signé par Isabeau et Charles VI, déjà plus en possession de ses moyens.

D'un caractère plutôt terne, il est mal entouré et mal conseillé. Les Anglais remportent victoire sur victoire près de Crevant (1423), près de Verneuil (1424). Ils viennent de mettre le siège devant Orléans. Si la ville cède, les Anglais pourront gagner le Berry et atteindre Charles dans son dernier refuge. C'est alors qu'une jeune bergère lorraine de Domrémy intervient providentiellement... Charles ne retrouve sa légitimité qu'après sa reconnaissance par Jeanne d'Arc qui délivre Orléans (1429) et le fait sacrer à Reims le 17 juillet 1429. Avec Jeanne, il entreprend la reconquête du royaume en partie occupé par les Anglais et leurs alliés bourguignons. La reconquête d'une partie des régions au nord de la Loire est réussie, mais Jeanne d'Arc est brûlée à Rouen (30 mai 1431). Charles VII ne s'expose guère pour la sauver. On parle de « lâche abandon ».

Afin de détacher de l'Angleterre les Bourguignons, Charles VII accorde d'importantes concessions au duc de Bourgogne Philippe III le Bon au traité d'Arras (1435). L'alliance anglo-bourguignonne est cassée. Paris reconquis, le roi y fait une entrée triomphale en 1437, mais n'y reste guère, préférant ses châteaux du Berry et de Touraine. La Normandie, puis la Guyenne (1450-1453) sont réoccupées grâce à des hommes de guerre remarquables. Rouen se soulève et ouvre ses portes à Charles VII, qui y fait une entrée triomphale aux côtés de Jacques Cœur (1449). Les Anglais ripostent par l'envoi d'une armée, qui débarque à Cherbourg et se dirige vers Caen, mais est défaite par les Français près de Formigny (1450). En Guyenne, c'est la victoire de Castillon (1453) qui éloigne les Anglais. Bientôt ceux-ci ne gardent plus en France que Calais. La guerre de Cent Ans terminée (bien qu'aucun traité n'ait été conclu), Charles VII se consacre à la réorganisation de son royaume.

Il lutte contre les Écorcheurs, qui infestent le pays par l'entretien de troupes permanentes chargées de rétablir la sécurité, il convoque les États généraux à Orléans. Certains seigneurs mécontents des progrès de l'autorité royale et encouragés par le dauphin Louis (futur roi Louis XI) se soulèvent. Charles triomphe de ces révoltes nommées « Praguerie » en référence aux troubles de Bohême. Il crée (1445-1448) une armée nouvelle avec une cavalerie de compagnies d'ordonnance, recrutées dans la noblesse et une infanterie de francs archers composée de roturiers exemptés de la taille (d'où leur nom).

La monnaie est stabilisée, des impôts réguliers levés rendent inutile la convocation des États généraux et la France connaît un renouveau commercial grâce à Jacques Cœur, grand argentier du roi. Se signalant une fois encore par son ingratitude, Charles VII sacrifie Jacques Cœur à la jalousie des courtisans (1453) et le grand argentier finira ses jours ruiné et banni.

Charles règle également les affaires de l'Église lors d'un concile national tenu à Bourges en 1438. Une « pragmatique sanction » rend aux églises françaises une certaine liberté et diminue les tributs perçus par le pape sur les bénéfices ecclésiastiques sous le titre d'annales, réserves, expectatives.

Il ordonne que les diverses coutumes du pays soient écrites. Cette rédaction annonce l'unité des lois. Il crée deux parlements nouveaux : Toulouse (1447) et Grenoble (1453). La fin de son règne est marquée par un renouveau commercial et le raffermissement de l'autorité royale. Au final, un seul danger subsiste, la puissance du duché de Bourgogne.

Charles VII a épousé Marie d'Anjou. Il a même été élevé dans son enfance à la cour d'Anjou, ce qui explique l'influence qu'a sur lui Yolande d'Aragon, la mère de Marie. Le couple royal a 12 enfants dont 5 survivent. Parmi eux, le dauphin Louis (futur Louis XI). Brouillé avec son père il empeste la vie de la Cour par ses complots au point que le roi l'exile en 1447. Il ne reverra plus jamais son fils avant sa mort.

Louis XI

Bourges, 1423-Plessis-lez-Tours, 1483
Roi de France (1461-1483)

Bien connu grâce aux *Mémoires* de Philippe de Commynes, la vie de Louis XI est celle d'un roi qui aime la solitude, l'austérité et hait fêtes, tournois et réceptions. Il emploie son énergie à briser la puissance de la noblesse, à agrandir le domaine royal – principalement au détriment du puissant duc de Bourgogne, Charles le Téméraire – et à relever l'économie française ruinée par la guerre de Cent Ans •

Fils aîné de Charles VII et de Marie d'Anjou, il naît dans un pays en guerre et par souci de sécurité est élevé dans la forteresse de Loches. Il souffre de la pauvreté de la Cour du « petit roi de Bourges » qui se reflète dans les difficultés de son père à le fiancer. Finalement, Jacques Ier, roi d'Écosse en guerre contre le roi d'Angleterre accepte de lui donner sa fille Marguerite. Déception, révolte, indignation devant la liaison de Charles VII et d'Agnès Sorel, soif de pouvoir, Louis est un adolescent rebelle. N'éprouvant que du ressentiment face à ce père en difficultés, il soutient la Praguerie (1440), ne cesse de fomenter des intrigues contre le roi avant de lui succéder en 1461. Pour le détourner de ce fâcheux penchant, Charles VII lui confie le rétablissement de l'ordre en Champagne. Il mène avec réussite une campagne contre les Écorcheurs, soldats recrutés pour la guerre et qui en temps de paix vivent de pillages. Ses talents militaires et diplomatiques sont indéniables. Cependant, la poursuite de ses conjurations lui vaut de se retrouver exilé en Dauphiné. Veuf (1444), il décide d'épouser sans le consentement de son père sa voisine Charlotte de Savoie pour tisser alliance politique autour de son Dauphiné. Pour éviter les représailles paternelles, il réside à Genappe chez l'ennemi de son père, son oncle Philippe le Bon, duc de Bourgogne et est ami avec Charles le Téméraire son cousin.

Devenu roi, sacré le 15 août 1461, il commence par renvoyer tous les conseillers de Charles VII, même les plus illustres. Se rendant compte de son erreur, il rappelle vite les plus brillants et s'entoure de gens modestes son médecin J. Coicitier, son barbier Olivier le Daim, son prévôt des marchands Tristan Lhermite. Il engage la lutte contre la noblesse regroupée contre lui dans la Ligue du bien public (1465) : les ducs de Bourbon, de Bretagne, de Lorraine, Charles de France, frère du roi, le duc d'Alençon, le duc de Nemours, le comte de Saint-Pol. Après la bataille indécise de Montlhéry (15 juillet 1465), les ligueurs se retirent et le roi peut entrer dans Paris. Mais le roi doit faire des concessions à ses grands féodaux. Il octroie notamment la Normandie à son frère, le duc de Berry (province récupérée l'année suivante).

En butte à une seconde révolte féodale, Louis XI vainc vite le duc de Bretagne, mais doit lutter longtemps contre Charles le Téméraire qui a pris alliance avec le roi d'Angleterre, Édouard IV. Pour traiter directement avec Charles le Téméraire, il se rend en personne à Péronne et se retrouve prisonnier. Charles le Téméraire a, en effet, découvert que Louis XI avait encouragé secrètement les révoltes de Gand et de Liège. Louis XI, démasqué par le Téméraire est mis au secret pendant 2 jours et 3 nuits dans la sombre tour où 400 ans auparavant Charles le Simple était mort captif. Aussi ne reste-t-il pas inactif : il fait distribuer aux notables bourguignons d'importantes sommes d'argent par le cardinal de Balue et rassemble à la frontière picarde les armées d'Antoine de Chabannes et de Gaston de Foix. Puis il négocie avec Charles le Téméraire un accord largement à l'avantage du duc, offrant même de prendre part au châtiment des Liégeois. Il assiste à l'écrasement des révoltés, puis rentre à Paris plus déterminé que jamais à se venger de la maison de Bourgogne. Pour ce, il s'emploie à isoler Charles le Téméraire. Il éloigne son frère du duc de Bourgogne en lui cédant la Guyenne, gras apanage aux antipodes de la Bourgogne. Il signe la paix avec Édouard IV d'Angleterre et déjoue toutes les coalitions féodales dirigées contre lui par son adversaire.

Lors de la troisième coalition féodale, qui regroupe les habituels rebelles impénitents, le duc de Bourgogne saccage Nesle, mais échoue devant Beauvais grâce à la résistance d'une jeune fille, Jeanne Laisné, dite Jeanne Hachette. À partir de ce moment les échecs militaires du Téméraire ajoutés au procès du duc d'Alençon et à la mort du duc d'Armagnac ramènent les autres princes à l'obéissance. De plus, le prince Charles de France, instrument des ligueurs contre le Roi son frère meurt (1472). Le duc de Bourgogne se tourne alors vers l'Empire pour agrandir ses États. En réaction, de part et d'autre les villes s'unissent dans une coalition dirigée contre la Bourgogne. Les Suisses et leurs alliés soudoyés par Louis XI, pénètrent alors en Bourgogne et en Franche-Comté, les armées françaises rompent la trêve, ravagent la Picardie et le Luxembourg. Le duc de Bourgogne en lutte contre l'Empereur tente en vain de provoquer une révolte des princes français, puis fait appel à l'Angleterre. Édouard IV débarque à Calais avec 13 000 hommes en 1475, mais signe la paix de Picquigny (20 août 1475) par laquelle il renonce au trône de France pour 75 000 écus et 50 000 livres de pension. Pendant que Louis XI traite avec le roi d'Angleterre, Charles le Téméraire entre en Lorraine, avant d'accumuler les défaites. Le duc de Bourgogne battu, puis tué (1477), Louis XI tente de saisir l'immense héritage bourguignon mais ne peut conserver que le duché de Bourgogne et la Picardie (traité d'Arras, 1482). Le reste des territoires passe aux Habsbourg, la fille du Téméraire ayant épousé l'archiduc Maximilien d'Autriche. Louis XI augmente aussi le domaine royal par l'héritage de l'Anjou, du Maine et de la Provence, contribuant ainsi à l'unité territoriale de la France, le domaine royal coïncidant presque avec les limites de la France actuelle.

Sous le règne de Louis XI, le Conseil se divise en Grand conseil réuni dans des circonstances exceptionnelles et Conseil étroit, où ne siègent que les intimes, tous créatures du roi. Ce dernier s'efforce de renforcer l'autorité royale en centralisant la justice et les finances et en créant de nouveaux parlements à Bordeaux et Dijon. Louis XI augmente les impôts dans des proportions considérables parce que sa politique d'acquisition territoriale exige de grosses dépenses. Il maîtrise la noblesse par tous les moyens. Le connétable de St Pol qui a abusé de sa faveur pour le trahir est décapité (1475), Jacques d'Armagnac est mis en cage, puis décapité (1477), d'Alençon est également encagé à Chinon. Louis XI favorise aussi la reprise économique en introduisant en France l'industrie de la soie. Il fait de Lyon la capitale du drap et le centre d'industrie de la soie, développe les grandes foires, dont celle de Caen et attire par des privilèges, les marchands étrangers en France. Il se préoccupe bien plus volontiers de la bourgeoisie que du peuple ou des paysans. Il supprime la Pragmatique sanction (1461), il soumet l'Église à son autorité intervenant dans les élections ecclésiastiques, interdisant l'accès de son royaume aux Inquisiteurs et faisant juger les crimes d'hérésie par son Conseil.

Autoritaire et redouté, surnommé l' « ***universelle aragne*** » c'est-à-dire araignée par ses ennemis, Louis XI est réputé pour son intelligence diplomatique, sa ruse méfiante. Les ambassadeurs milanais le considèrent comme « le plus subtil qui soit ». On célèbre sa puissance de travail, sa dureté, sa tyrannie aussi. Moins d'une génération après sa mort on raconte qu'il s'abreuve du sang des nouveau-nés, qu'il est l'assassin de son frère, etc. Autant d'images qu'il faut reléguer au rang des légendes.

Il est marié dès l'âge de 15 ans à Marguerite qui meurt en disant : « Fi de la vie, qu'on ne m'en parle plus ! », ce qui porte à croire que la vie conjugale n'avait pas été des plus épanouissantes. Puis, de son second mariage avec Charlotte, il a d'abord deux filles, Anne qui épouse Pierre de Beaujeu, un fidèle du roi et Jeanne, bossue ou boiteuse selon les légendes qu'il unit contre le gré des deux conjoints au duc d'Orléans. Il prend ainsi une ultime précaution contre les féodaux qui exaspérés par les progrès de l'autorité royale chercheraient un éventuel recours parmi les princes. Cette dernière précaution s'avère un échec et le duc d'Orléans fera un jour casser ce mariage pour régner sous le nom de Louis XII. Un fils, enfin, longtemps attendu, Charles naît en 1470. Il lui succède sous le nom de Charles VIII.

Charles VIII

Amboise, 1470-id., 1498
Roi de France (1483-1498)

Il est le dauphin tant attendu après 19 ans de mariage entre Louis XI et Charlotte de Savoie. Aux États généraux de Tours (1484), premiers États de l'histoire nationale, il hérite d'un pays agrandi, reconstruit, pacifié. Son règne, marqué par l'aventure italienne met fin à la dynastie des Valois directs •

Élevé avec soin par sa mère au château d'Amboise, de santé fragile, il n'a que 13 ans à la mort de son père. Il règne d'abord conformément aux recommandations de son père sous la régence de sa sœur Anne de Beaujeu, âgée de 23 ans. Les Beaujeu ont toujours été fidèles à Louis XI. Ils luttent contre les nobles révoltés. La mort de Louis XI déchaîne, en effet, de grandes ambitions.

Le duc d'Orléans s'allie aux barons bretons dans une « guerre folle » contre le gouvernement ; puis en 1485 il forme une nouvelle coalition, ainsi que le sire d'Albret. Anne réprime ces tentatives avec fermeté et fait emprisonner Louis d'Orléans.

Par ailleurs, elle arrange le mariage de son frère Charles avec Anne de Bretagne (1491), préparant ainsi la réunion du duché à la Couronne. Cette alliance diplomatique humilie Maximilien de Habsbourg, auquel Anne de Bretagne était promise et à la fille duquel Charles était fiancé. En contrepartie, il éloigne l'empereur du pré carré français. L'affaire oblige cependant le roi à faire des concessions. Il cède le Roussillon et la Cerdagne au roi de Castille, la Franche-Comté, l'Artois et le Charolais à Maximilien.

La minorité de Charles VIII prend fin en 1491. Il inaugure sa prise du pouvoir par la libération de son cousin Louis d'Orléans, auquel il accorde le pardon.

Les guerres d'Italie sont alors son principal engagement. En 1494, Charles se proclame roi de Naples. Pour faire légitimer ses prétentions à la couronne, il revendique les droits que les derniers princes de la maison d'Anjou ont légués à sa famille. Charles d'Anjou, frère de Saint Louis avait épousé l'héritière de la Provence, devenant roi de Naples et de Sicile au XIIIe siècle, puis avait été dépossédé de ses terres par le roi d'Aragon. La légitimité de cette réclamation est douteuse : Naples est un fief du Saint-Siège transmissible jusqu'au quatrième degré seulement et Charles VIII est un cousin au vingtième degré du roi René (beau-frère de Charles VII). En réalité les causes des expéditions transalpines sont plutôt à rechercher dans le caractère aventureux et chimérique de Charles VIII et dans l'état d'agitation où se trouvait la noblesse française après le règne peu guerrier de Louis XI. Charles avait déjà été sollicité plusieurs fois pour marcher contre le roi de Naples par le pape, les barons de Naples et Ludovic, duc de Sforza (Milan).

Les guerres d'Italie (1494-1559) opposent la France et les Habsbourg pour la domination de l'Europe. Pour éviter la formation d'une coalition entre l'Empire, l'Espagne et l'Angleterre, Charles VIII indemnise le roi d'Angleterre Henri VII, abandonne le Roussillon et la Cerdagne au roi Ferdinand d'Aragon et l'Artois, le Charolais, la Franche-Comté à l'empereur Maximilien. Les troupes passent sans encombre les Alpes, traversent Turin, Pise. À Florence, Charles rencontre Savonarole et à Rome le pape. En février 1495, c'est l'entrée triomphale dans Naples. Mais les Napolitains déchantent bientôt : les Français se partagent les places, les fiefs sans autre forme de procès. Après avoir conquis rapidement le royaume de Naples, le roi doit abandonner ses conquêtes face à la ligue constituée par la république de Venise, Maximilien d'Autriche, Ferdinand II d'Aragon et le pape Alexandre VI. Oubliant ses serments d'alliance, Ludovic Sforza se joint à eux. Ces revirements et les maladresses de l'armée française obligent Charles à prendre en hâte le chemin du retour et à livrer encore une bataille difficile : Fornoue le 6 juillet 1495.

Le voyage de Naples ne laisse en Italie que le mauvais souvenir de la « *furia francese* ». Les garnisons françaises abandonnées dans le royaume de Naples sont massacrées. Charles VIII signe la capitulation en 1497.

De retour en France pour préparer une nouvelle expédition, Charles meurt à 28 ans le 7 avril 1498 en se cognant, dit-on, le front au linteau d'une porte à Amboise. Sans postérité, il a pour successeur son cousin, le duc d'Orléans (futur Louis XII). Le contrat de mariage d'Anne de Bretagne stipulait qu'Anne s'engageait si elle devenait veuve à ne pas épouser d'autre prince que le successeur de son mari. Elle épouse donc Louis, duc d'Orléans.

Louis XII

Blois, 1462-Paris, 1515
Roi de France (1498-1515)

Esprit rebelle, il a longtemps défié l'autorité royale avant d'accéder lui-même au trône. Son règne est marqué par d'importants revers dans les guerres d'Italie, mais la bonne conjoncture économique et la paix intérieure ont fait de ce roi l'un des plus populaires de son vivant. Réputé assez influençable par sa femme et par le cardinal d'Amboise, l'homme des affaires d'Italie, bon diplomate, digne dans sa vie privée, il a hérité des Valois le goût de la grandeur •

Arrière petit-fils de Charles V, fils de Charles d'Orléans, dit le poète et de Marie de Clèves, il est contraint par Louis XI, qui souhaitait éteindre la branche d'Orléans, à épouser la fille infirme du roi, Jeanne de France. Loin de renoncer au pouvoir après l'avènement de Charles VIII, il complote et profite de la minorité du nouveau roi pour s'opposer violemment à la régence d'Anne de Beaujeu. Il participe à l'opposition féodale (la « guerre folle ») et, fait prisonnier à Saint-Aubin-du-Cormier (1488,) est emprisonné durant trois ans. Réconcilié avec le roi Charles VIII qui le fait libérer et lui accorde son pardon, il participe avec ce dernier aux guerres d'Italie (1494-1495).

Charles VIII mourant sans héritier, il monte sans opposition sur le trône, sacré roi à 36 ans à Reims (1498). D'emblée, il fait annuler son premier mariage et épouse (comme prévu par le contrat de mariage entre Charles VIII et Anne de Bretagne), la veuve de Charles VIII, Anne de Bretagne elle-même (1499) qui devient ainsi reine pour la seconde fois. Il garde par cette union le duché de Bretagne attaché au royaume de France.

Désireux de prendre sa revanche en Italie, il fait valoir ses droits sur l'héritage des Visconti. Si son grand-père est Louis d'Orléans, le frère du roi Charles VI, sa grand-mère est, en effet, Valentine Visconti, fille du duc de Milan. La ville est à cette époque aux mains des Sforza, qui ont usurpé le duché. Louis XII réussit à conquérir le Milanais (1499) emprisonnant en France le duc Ludovic Sforza, dit Ludovic le More (1501). La facilité de cette conquête l'encourage à tenter une nouvelle expédition sur Naples. Il lie partie avec Ferdinand, roi d'Espagne. Par le traité de Grenade, les deux souverains s'engagent à conquérir Naples de concert et à s'en partager le territoire. La conquête se révèle une fois encore aisée, mais le partage l'est beaucoup moins. Pendant quatre ans les deux anciens alliés mènent une guerre d'escarmouches. L'exploit le plus célèbre est celui de Bayard arrêtant seul les Espagnols au passage d'un pont sur le Garigliano. Dès 1504, les Français sont chassés du royaume de Naples conquis à partir de 1502 par Ferdinand d'Aragon. Louis d'Ars traverse l'Italie emmenant avec lui les 400 derniers hommes d'armes français et repasse les Alpes.

Louis XII dirige néanmoins une nouvelle campagne contre Venise. La ligue de Cambrai (1508) réunit Louis XII, le pape Jules II, Maximilien, le roi Ferdinand d'Aragon et le roi d'Angleterre Henri VII. En 1509, les Vénitiens sont battus à Agnadel. Mais un retournement d'alliances isole la France. Maximilien rentre en Allemagne. Le pape Jules II traite séparément avec Venise et, satisfait d'avoir récupéré Ravenne, met tout en œuvre pour expulser d'Italie les « Barbares » en commençant par les Français qui avaient versé leur sang pour lui. Les Français doivent abandonner le Milanais (1513) sous la pression de la Sainte Ligue (Venise, l'Espagne, l'empereur Maximilien de Habsbourg et l'Angleterre). En 1513, la défaite de Novare ruine les espoirs français en Italie, et Louis XII, veuf, scelle la paix avec l'Angleterre en épousant une sœur d'Henri VIII, Marie d'Angleterre. Il espère avoir avec elle l'héritier qu'il n'a toujours pas. Mais la jeune fille de 19 ans quitte rapidement la France dont elle n'est reine que quelques mois avec la mort de son royal époux en janvier 1515. La mort de Jules II, souverain pontife belliqueux et âme des coalitions (1503-1513) contribue aussi à la paix. Ainsi se termine une politique italienne, moins excusable que celle de Charles VIII et moins nécessaire que celle de François Ier.

Le règne de Louis XII est plus heureux sur le plan intérieur. Il organise définitivement le Grand conseil (1498). Réducteur de la taille grâce aux richesses tirées d'Italie, roi justicier et codificateur des coutumes (ordonnance de Blois 1499), il est surnommé « père de son peuple » par les États généraux de 1506. Sous son règne les guerres d'Italie contribuent à la diffusion des arts de la Renaissance, au développement du commerce et de l'industrie. Le roi maintient l'ordre dans son royaume, protégeant les laboureurs des gens de guerre.

Louis XII, qui n'a pas eu de fils, laisse le trône à son cousin François d'Angoulême (François Ier), à qui il donne en mariage Claude, l'une de ses deux filles.

FRANÇOIS Ier

Cognac, 1494-Rambouillet 1547
Roi de France (1515-1547)

1515 : Marignan. Grâce à cette date, tous les Français situent le règne de ce « roi-chevalier », brillant vainqueur, puis digne prisonnier, grand amateur de femmes et de chasse, vrai prince de la Renaissance, protecteur des lettres et des arts. Son long règne marque profondément le XVIe siècle français •

FILS de Charles d'Orléans, comte d'Angoulême, et de Louise de Savoie, élevé comme sa sœur Marguerite avec raffinement par leur mère, François s'illustre par sa distinction et son sens du prestige. En 1515, il succède à son cousin Louis XII, dont il a épousé la fille, Claude de France (1514). Son avènement obéit aux indications laissées dès 1505 par un roi, visiblement inquiet des intrigues éventuelles d'Anne de Bretagne. Cette dernière préfère, en effet, à François, Charles de Habsbourg.

Sacré à Reims le 25 janvier 1515, il poursuit l'aventure italienne, léguée par ses prédécesseurs Charles VIII et Louis XII. La victoire de Marignan (13-14 septembre 1515) le rend maître du Milanais et l'auréole de gloire. La bataille est remportée grâce à l'artillerie puissante, à la présence de Bayard et à l'action du « roi-chevalier ». Elle entraîne une alliance durable avec les Suisses : le traité de Fribourg (1516) instaure la paix dite « perpétuelle ». François Ier profite de l'expédition en Italie pour signer le Concordat de Bologne avec le pape Léon X. Désormais, le roi propose la nomination de ses évêques, qui devient effective avec l'accord papal.

La même année (1516), accède au trône d'Espagne Charles de Habsbourg, appelé Charles Quint. François Ier sous-estime et pendant longtemps, la puissance de ce rival, considérablement enrichi par l'afflux des métaux précieux d'Amérique. Dès 1519, les crédits des Fugger et des banquiers italiens ou espagnols, garantis par les richesses du Nouveau Monde, contribuent à l'élection de Charles Quint. Son arrivée à la tête du Saint-Empire romain germanique fait peser une lourde menace d'encerclement sur la France.

Face à la menace impériale, François Ier tente sans succès l'alliance avec l'Angleterre. Il reçoit magnifiquement Henri VIII au camp du Drap d'or (1520), mais l'entrevue tourne court à cause de cet étalage de richesses, jugé insolemment ostentatoire. Henri VIII vexé repart pour l'Angleterre. Les malheurs s'acharnent alors sur François Ier. Il est trahi par son connétable de Bourbon, puis c'est la défaite de La Bicoque (1522), la mort de Bayard, la perte du Milanais (1523), l'humiliant échec de Pavie (24 février 1525), où le roi est fait prisonnier et où 8 000 Français périssent. *« De toutes choses, il ne m'est demeuré que l'honneur et la vie sauve »*, dira le roi. Impériaux et Anglais alliés arrivent à 40 km de Paris. Pendant sa captivité à Madrid, c'est sa mère Louise de Savoie qui assure la régence et non la reine Claude morte un an auparavant. Pour être libéré, François Ier paye une lourde rançon, laisse ses deux fils aînés en otage et signe le désastreux traité de Madrid (14 janvier 1526, la France perd le quart de son territoire) qu'il dénonce dès sa libération.

Ayant pris la mesure de son adversaire, il cherche l'alliance des princes protestants allemands, et celle des Turcs de Soliman le Magnifique (en pourparlers avec les Français depuis 1522), au grand dam de la Chrétienté.

En 1527, François Ier engage une deuxième guerre contre Charles Quint. La pause marquée par la paix de Cambrai (ou paix des Dames, 1529) n'est qu'un compromis. François Ier conserve le duché de Bourgogne et retrouve ses deux fils le 1er juillet 1530 en échange de 4 tonnes d'or. Le 7 juillet 1530, il épouse Éléonore, la sœur de Charles Quint. La trêve ne dure pas pour autant.

La guerre reprend en 1536, mais Charles Quint échoue. En 1542, au bout de 3 ans d'entente cordiale, scellée, semble-t-il, par un voyage de Charles Quint à travers la France (1540), la guerre éclate de nouveau. Les hostilités qui suivent sont confuses et sans gloire. Elles aboutissent au traité de Crépy-en-Laonnois (1544), qui met en place un fragile équilibre européen, l'Espagne demeurant menaçante, et la question italienne restant en suspens. Par ce traité, la France renonce à la Savoie et au Piémont. Elle renouvelle également son abandon de suzeraineté sur la Flandre et l'Artois.

Si François Ier échoue face aux Habsbourg dans les guerres d'Italie, il donne une impulsion décisive à l'exercice de la monarchie absolue et crée en grande partie l'État moderne en France. L'absolutisme connaît un progrès incontestable par le renforcement de la centralisation administrative, le développement de la vie de Cour – c'est François Ier qui forge la formule *« Car tel est notre plaisir »* et l'expression imposée de *« Sa Majesté »*. Le roi gouverne personnellement, bien qu'assisté d'un Conseil (dit Conseil privé ou Conseil d'État), qui se compose de la famille royale, des princes du sang, de grands officiers et de quelques vieux serviteurs. Les membres du Conseil privé n'ont part au gouvernement que s'ils sont admis au Conseil des affaires, petit cénacle très fermé où dominent le roi et son premier conseiller.

Roi mécène, sous son règne les lettres et les arts sont fortement encouragés. François Ier fonde le futur Collège de France, protège humanistes, poètes et musiciens (Budé, Ronsard, Marot) et attire en France de grands artistes italiens, comme Léonard de Vinci dès 1515, Benvenuto Cellini, Andrea del Sarto, le Primatice, le Rosso. L'école de Fontainebleau connaît un grand prestige. Sous son impulsion s'ouvrent les chantiers royaux de Blois, Chambord, Fontainebleau, Saint-Germain-en-Laye, l'Hôtel de ville de Paris. Une ordonnance d'une grande importance culturelle et juridique est adoptée : l'ordonnance de Villers-Cotterêts oblige désormais les actes notariaux et judiciaires à être rédigés non en latin, mais en français. Autre signe du renforcement de l'unité française, le roi fonde le dépôt légal dans la bibliothèque royale d'un exemplaire de tout livre imprimé. Enfin, Jacques Cartier prend possession du Canada en son nom (1541).

Seuls les problèmes financiers et religieux restent mal réglés. Aucun système fiscal cohérent n'est mis en place et, pour satisfaire ses gros besoins d'argent (versé pour gagner à sa cause les princes allemands lors de sa candidature à l'Empire et pour son mécénat), il pressure ses sujets. La taille passe entre 1517 et 1543 de 2 400 000 à 4 600 000 livres. Le premier emprunt de l'État français se fait sous François Ier, en 1522. D'un montant de 250 000 livres, il est remboursé aux souscripteurs par une rente (ou intérêt annuel) de 8%. On appelle ces rentes, Rentes sur l'Hôtel, parce qu'elles sont payées à l'Hôtel de ville de Paris. Les provinces sont administrées par des gouverneurs, lieutenants généraux grands seigneurs locaux, favoris du roi ou princes de sang.

François Ier assujettit l'épiscopat français (concordat de Bologne, 1516). Face aux protestants, le roi se montre d'abord tolérant – sous l'influence de sa sœur Marguerite de Navarre – puis exerce une répression cruelle après l'affichage de placards contre l'eucharistie sur la porte du château d'Amboise en octobre 1534. Il meurt à Rambouillet au moment même où Guillaume Budé publie *L'Institution du Prince* écrit en son honneur.

HENRI II

Saint-Germain-en-Laye, 1519-Paris, 1559
Roi de France (1547-1559)

Deuxième fils de François Ier et de Claude de France, marié à Catherine de Médicis. Critique envers son père, il poursuit néanmoins sa politique, reprenant la lutte contre Charles Quint et les Anglais, et combattant les protestants français •

FRANÇOIS Ier n'a guère préparé ce fils à gouverner lui préférant longtemps son frère cadet, Charles d'Orléans, mort de la peste en 1545. Dès l'enfance, pourtant, il a été confronté à la « difficile » condition de prince. Le traité de Madrid (1526) comprend, en effet, la prise en otage des deux fils aînés de François Ier. Aussi, Henri se retrouve-t-il dès l'âge de 7 ans contraint à vivre 4 ans en détention à Villalba, puis à Villalpando.

Avant même son sacre à Reims le 26 juillet 1547, il prend en main le gouvernement. Il commence par réformer les mœurs de la Cour, puis en 1548 organise une expédition en Écosse destinée à arracher la petite Marie Stuart des griffes des protestants. Henri II fiance la jeune reine d'Écosse à son fils aîné. Enfin, il envoie son favori Charles de Brissac prendre la mesure des intentions de Charles Quint.

Il s'attache les services du connétable Anne de Montmorency, tombé en disgrâce à la fin du règne précédent et réhabilité ainsi comme premier conseiller. Ce vieil homme arrogant, jaloux et partisan déclaré de la paix ne cesse de lutter contre les Guise (toujours prêts à faire la guerre), contre le cardinal de Lorraine, contre les calvinistes. Henri II se retrouve tout au long de son règne partagé entre l'entourage italien de sa femme Catherine de Médicis, les intrigues des Guise, des Montmorency et l'avis de sa chère maîtresse Diane de Poitiers. Cela flatte son goût pour les controverses.

À l'intérieur, Henri II fonde comme organe de gouvernement les quatre secrétariats d'État qui administrent la France divisée géographiquement. Ces fonctionnaires ont dans leurs circonscriptions des attributions militaires, financières et judiciaires. En 1551, sous prétexte de décharger les parlements, mais en réalité dans un objectif fiscal, Henri II établit les présidiaux, tribunaux qui ont la compétence judiciaire des baillis et des sénéchaux. Cette multiplication des rouages judiciaires encourage les plaideurs déjà très nombreux et ne remédie pas aux lenteurs de la justice. Les révoltes fiscales fréquentes sont sévèrement réprimées. À la fin du règne d'Henri II, la dette publique se monte déjà à 43 millions de livres.

En politique extérieure, le roi par nature s'intéresse plus volontiers aux frontières du nord et de l'est de la France qu'à l'Italie. Humilié par Charles Quint dans les prisons de son enfance, il profite de son avènement pour prendre sa revanche. Charles Quint malade est fâché avec son frère Ferdinand et son fils Philippe. Il lutte contre les princes allemands de la Ligue de Samakade. En s'alliant aux princes protestants allemands révoltés contre Charles Quint par le traité de Chambord (janvier-février 1552), le roi réussit à s'emparer des Trois-Évêchés, Metz, Toul et Verdun (1552), qui sont de langue française. François de Guise, assiégé à Metz (octobre 1552), organise la défense avec brio et sort du combat auréolé par sa victoire. Charles Quint vieilli accorde à Henri une trêve de 5 ans, la trêve de Vaucelles (février 1556) et abdique peu après (septembre 1556). Outre les Trois-Évêchés, la France est autorisée à garder le Piémont. Dès 1556, la trêve est rompue. La guerre reprend sur mer, puis en Italie, où les Français n'engrangent que des défaites. Boulogne est néanmoins reprise par les Français en 1556. Le duc de Savoie, Emmanuel-Philibert, général à la solde de l'Empire se dirige sur Saint-Quentin. Montmorency est fait prisonnier (août 1557), mais Coligny a l'intelligence de se jeter dans la place, de soutenir le siège et d'arrêter ainsi la marche du duc sur Paris. Henri II est battu à Saint-Quentin (1557) par le roi d'Espagne Philippe II. En revanche, secondé par l'opiniâtreté de François de Guise tout juste revenu d'Italie, il reprend Calais (1558) aux mains des Anglais depuis deux siècles. Confronté aux difficultés financières et à la lutte contre les protestants, Henri II décide de mettre fin aux guerres d'Italie en signant la paix du Cateau-Cambrésis (1559). Par ce traité, la France rend la Savoie, le Bugey, la Bresse et le Milanais. Elle garde Pignerol, le marquisat de Saluces, Metz, Toul, Verdun et Calais.

Le traité stipule en outre que la sœur d'Henri II doit épouser le duc de Savoie et Philippe II, veuf de Marie Tudor, Élisabeth, fille de Henri II. Au cours des fêtes données à l'occasion de ce dernier mariage, le roi est mortellement blessé dans un tournoi.

Henri II, comme son père, est un ardent défenseur des arts et sa Cour est l'une des plus brillantes d'Europe. Ronsard et la Pléiade célèbrent ses triomphes. Son tombeau, ainsi que celui de sa femme se trouvent aujourd'hui à Saint-Denis.

Ayant eu 10 enfants avec Catherine de Médicis (dont trois vont régner), il laisse le pouvoir à son fils aîné de 15 ans, le dauphin François sous la régence de sa mère.

FRANÇOIS II

Fontainebleau, 1544-Orléans, 1560
Roi de France (1559-1560)

Son bref règne est dominé par l'affrontement entre catholiques et protestants •

FILS aîné d'Henri II et de Catherine de Médicis, il succède à son père à 15 ans. Il a la majorité pour gouverner mais de constitution fragile, n'en a guère les moyens et est plus épris de chasse que de gouvernement.

Fiancé à l'âge de 6 ans à Marie Stuart, petite reine d'Écosse de 5 ans et nièce des Guise, il l'épouse au printemps 1558. Sa mère exerce la régence avec l'appui des Guise. Les conseillers du roi Henri II, Montmorency, Saint-André, les Châtillon sont renvoyés sans ménagement. Les princes de sang sont traités sans égard. Dès leur accession au pouvoir, les Guise déclarent la guerre aux calvinistes.

Pour le soustraire à l'influence de sa mère et des Guise (fervents catholiques), les chefs du parti protestant montent la conjuration d'Amboise (1560) à l'instigation de Condé. Le projet consiste à enlever le roi. La Cour, qui se déplace de Blois à Tours, avertie du complot s'enferme à Amboise. Les conjurés arrêtés, la répression de la conjuration confiée aux Guise s'avère terrible. Il n'y a bientôt plus assez de potences à Amboise, on pend les prisonniers aux murs de la ville. Les calvinistes se soulèvent immédiatement dans les provinces. Pour calmer les esprits, Catherine de Médicis nomme chancelier un magistrat humaniste, Michel de l'Hospital, qui mène une politique de conciliation avec les Réformés (il a refusé de signer la condamnation à mort de Condé après la Conjuration).

L'édit de Romorantin (mai 1560) atténue quelque peu les rigueurs exercées contre les Réformés, introduit Coligny dans le Conseil du roi et convoque les États généraux.

François II meurt emporté par une méningite le 5 décembre 1560, laissant la France dans une agitation croissante. Son frère Charles IX lui succède.

Charles IX

Saint-Germain-en-Laye, 1550-Vincennes, 1574
Roi de France (1560-1574)

Son règne est marqué par l'influence de sa mère Catherine de Médicis, les guerres de Religion et le massacre de la saint Barthélemy •

TROISIÈME fils d'Henri II et de Catherine de Médicis, il succède à son frère François II à l'âge de 10 ans. Sa mère exerce donc la régence. Toute sa vie, elle gardera une profonde influence sur lui. Catherine de Médicis prend soin d'écarter les Guise décidément trop compromettants et appelle au pouvoir leurs ennemis : l'humaniste chancelier de l'Hospital, le protestant Coligny et le catholique Antoine de Bourbon nommé lieutenant général du royaume.

Les États généraux s'ouvrent non dans la capitale trop agitée, mais à

Orléans. Charles IX est sacré à Reims le 15 mai 1561. Quelques mois après se tient le colloque de Poissy organisé par Michel de l'Hospital pour réconcilier catholiques et protestants. Le colloque est un échec. En 1562, néanmoins, l'édit de janvier autorise l'exercice du culte calviniste hors des places fortes. Cette concession, la présence croissante de protestants à la cour indisposent les catholiques et encouragent le prosélytisme huguenot. On estime qu'un quart des Français est passé au protestantisme. Elle provoque en retour le drame de Wassy (1er mars 1562) commis à l'instigation de François de Guise. Il s'agit du massacre d'un pasteur et de ses ouailles réunis pour célébrer le culte.

Wassy marque le début des guerres de religion : à Tours 200 calvinistes sont noyés, à Sens le temple est démoli. Charles IX et sa mère, tentant de se mettre sous la protection de Condé, sont ramenés à Paris. Ils se retrouvent prisonniers d'une faction qui rassemble Montmorency, le duc de Guise, le maréchal de Saint-André. Après une tentative de conciliation avec les protestants, l'édit de Saint-Amboise (19 mars 1563) accorde la liberté du culte réformé dans les châteaux et dans une ville par bailliage, mais l'interdit à Paris (paix de Saint-Germain, 1570).

La paix revenue, Catherine de Médicis entreprend avec le roi Charles IX un tour de France, censé rassembler le royaume derrière le roi et rétablir l'unité (1564-1566). Une caravane de 8 000 chevaux promène la cour et ses fastes dans les recoins du royaume. Ce long voyage a surtout pour vertu d'ouvrir la gastronomie française à l'influence italienne : les pâtes, les plats sucrés, les asperges, les concombres, les fruits confits...

Une tentative des protestants d'enlever Charles IX relance la guerre de religion. Les catholiques l'emportent à Saint-Denis et la paix est signée à Longjumeau (mars 1568). Le renvoi de Michel de l'Hospital en mai 1568 rallume les hostilités. Les protestants sont battus à Jarnac et à Montcontour (1569). La situation se détériore à nouveau lorsque Coligny revient à la Cour en 1569. Il entre bientôt au Conseil et prend une place prépondérante. En gage de bonne volonté, il restitue les places de sûreté données par la paix de Saint-Germain. Puis, il prépare, avec l'arrière-pensée d'unir catholiques et protestants dans une même cause nationale, la guerre contre la maison d'Espagne, que la victoire navale de

Lépante rend de nouveau dangereuse. La régente ne souhaite pas se lancer dans l'aventure. Surtout, elle profite de l'occasion pour s'opposer à Coligny, qu'elle trouve trop encombrant. Furieux, Coligny cherche à convaincre Charles IX sans tenir compte de l'avis de sa mère. Cette tentative semble intolérable aux yeux de Catherine de Médicis. Comme par hasard, le 22 août 1572, Coligny échappe de justesse à un tir d'arquebuse. En apprenant la nouvelle de cet attentat, la reine-mère reste silencieuse trahissant sa complicité, mais le roi ignorant tout du complot entre dans une violente colère et court chez Coligny l'assurer de son soutien.

Pendant ce temps, les chefs calvinistes rassemblés justement à Paris pour le mariage d'Henri de Navarre et de la sœur du roi Marguerite (dite la reine Margot) commencent à crier vengeance au nom de l'attentat contre Coligny. Devant cette menace grandissante, Catherine et le duc d'Anjou (futur Henri III) décident de les faire éliminer.

Après maintes réticences, Charles IX consulté, ordonne le massacre de la saint Barthélemy. Victor Hugo a immortalisé le prétendu plaisir tiré par le roi du massacre : « *Ce qui sort de la fange y rentre / va trouver Tibère en son antre et Charles IX sur son balcon* ».

Dans la nuit du 24 août 1572, Henri de Navarre échappe au massacre en abjurant sa foi protestante. En 1572, Coligny trépasse, les grands seigneurs des deux confessions meurent au combat : François de Guise est remplacé par son fils Henri et Antoine de Bourbon, par le sien : Henri, dit de Navarre. Au total, les combats font plus de 8 000 morts dans la France entière. Les guerres de religion se terminent par l'édit de Boulogne (juillet 1573), qui accorde aux Réformés la liberté de conscience.

Charles IX est épuisé par les contradictions de son règne, qui a pourtant adopté des mesures importantes : la Grande ordonnance de Moulins visant à réformer la justice et étendre les pouvoirs du roi (1566), l'édit qui déplace le début de l'année de la veille de Pâques au premier janvier, la Charte de l'imprimerie... L'année suivante, il meurt des suites d'une pleurésie, laissant de son mariage avec Élisabeth d'Autriche (fort souvent délaissée au profit de sa plantureuse maîtresse Marie Touchet), une fille unique. Son frère, le duc d'Anjou est couronné sous le nom de Henri III.

Henri III

Fontainebleau, 1551-Saint-Cloud, 1589
Roi de France (1574-1589)

Dernier des rois Valois, il manifeste durant son règne, marqué par les guerres de Religion, une vive volonté d'unité nationale •

TROISIÈME fils d'Henri II et de Catherine de Médicis, il est d'abord nommé duc d'Anjou, puis d'Orléans. La régente lui ayant confié dès 16 ans la responsabilité de l'armée, il s'illustre brillamment aux batailles de Jarnac et de Moncontour (1569), deux victoires contre les protestants. En 1573, dirigeant le siège de La Rochelle, place forte accordée aux huguenots, il apprend son élection au trône de Pologne grâce aux intrigues de sa mère, dont il est le fils préféré. Couronné à Cracovie en février (1574), il revient bientôt en France pour succéder à son frère Charles IX. Le 13 février 1575, il est sacré à Reims et le lendemain dans la cathédrale il épouse Louise de Vaudémont (1575), dont il n'aura aucun enfant.

Habile législateur, il instaure les bureaux des finances dans tout le royaume, réorganise le Conseil royal. Aux États de Blois (1576) le travail des coutumes est encouragé. Les curés sont désormais astreints à tenir un registre des baptêmes, mariages, enterrements et autres actes d'état civil. Il trace un grand plan de réformes dans les 363 articles de la Grande ordonnance de Blois (1579).

Intelligent et cultivé, il est l'homme des coteries, des cabales. Le fâcheux entourage de ses favoris – les « mignons » – auxquels il accorde un crédit excessif, la faiblesse de son gouvernement font que le roi ne parvient pas à s'imposer aux partis qui déchirent alors la France.

La situation du royaume est confuse. Tirant la leçon de la saint Barthélemy, une Union calviniste se constitue. Après avoir lutté contre les protestants, Henri III suit le parti des Politiques, catholiques conciliants, et signe en 1576 la paix de Monsieur (ou paix de Beaulieu). Mais en réponse les catholiques intransigeants s'organisent en parti armé, la Ligue conduite par Henri de Guise, dit « le Balafré » à cause d'une blessure. À nouveau, le mécanisme de l'escalade des hostilités entre protestants et catholiques se met en marche. Aux États généraux de Blois (1576), Henri III doit, sous la contrainte des ligueurs, signer l'édit d'Union : « un roi catholique, une foi catholique ». Il ne parvient pas à rallier les catholiques intransigeants qui l'obligent ainsi à reprendre la lutte contre les protestants, laquelle aboutit à la paix de Nérac (1580), moins favorable que celle de Monsieur. La mort du frère d'Henri III, le duc d'Alençon (1584), rouvre les hostilités. Il est alors avéré que le roi n'aura pas de descendance et le prétendant légitime est Henri de Bourbon, roi de Navarre, rebelle au roi, redevenu calviniste et relaps. Dans ces conditions, la maison de Guise qui brigue la couronne ne peut accepter qu'Henri de Navarre (futur Henri IV), devienne l'héritier du trône. C'est la guerre dite « des trois Henri » : Henri III, à la tête des royalistes, Henri de Guise, chef de la Ligue catholique, et Henri de Navarre, chef des protestants.

À Auneau, Épernon, le favori du roi, défait l'armée luthérienne commandée par le duc de Bouillon. Il arrête volontairement sa poursuite de l'ennemi pour plaire au roi, laissant Henri de Guise le repousser jusqu'à Genève. Affaibli par la défaite de Joyeuse (son beau-frère) à Coutras (1587), la demi-victoire d'Auneau et la popularité des Guise soutenus par les Espagnols, Henri III est de plus en plus accusé de ménager les calvinistes. Il doit quitter Paris après la journée des Barricades (1588). Il fuit vers le Sud, puis gagne Rouen et Tours. Encore une fois, il doit céder, l'Édit d'Union (juillet 1588) accorde l'amnistie aux révoltés. Henri de Guise devient Lieutenant général du royaume.

Le désastre de l'Invincible Armada (août 1588), l'humiliation des Espagnols, le fidèle soutien de la Ligue redonne à Henri III de l'ardeur pour combattre son ennemi.

Guise informé que Henri III veut le faire assassiner affirme : *« Il n'oserait »*. Trois jours plus tard, le roi le fait poignarder à Blois (1588). À la nouvelle de la mort du Balafré, idole des Parisiens, la capitale se soulève. En même temps, les chefs de la Ligue, la duchesse de Nemours, les ducs de Joinville et d'Elbeuf, le cardinal de Bourbon sont arrêtés. Le lendemain, le second frère Guise, le cardinal de Lorraine est tué.

Roi honni des Parisiens ligueurs, Henri III est pourtant l'un des rois les plus parisiens. Il vit au Louvre, est l'auteur du projet de construction du Pont-Neuf.

Pour faire volte-face à l'insurrection, Henri III se réconcilie avec son cousin Henri de Navarre. Il signe un accord par lequel il le reconnaît de nouveau comme son héritier (avril 1589). Mais alors qu'il tente avec lui de reprendre Paris aux mains des ligueurs, il est assassiné par un dominicain fanatique, Jacques Clément. Avant de mourir, il appelle Henri de Navarre, le bénit, lui transmet la couronne en le pressant de se faire catholique et le fait reconnaître par tous les dignitaires et chefs d'armée. Avec lui s'éteint la branche capétienne des Valois.

Les Bourbons

Famille française dont les membres ont régné en France, en Espagne, à Naples, en Sicile, à Parme et qui tire son nom des descendants d'une famille féodale, installée en Auvergne, la seigneurie de Bourbon-l'Archambault. De 1589 à 1830, elle a donné 7 rois à la France tout en ayant été interrompue par la Révolution et l'Empire.

Les Bourbons se divisent en quatre branches.

La première branche, issue de Louis, duc de Bourbon en 1327, s'éteint en 1527.

La deuxième branche, dite des « Bourbons », issue du même Louis, accède au trône de Navarre, Antoine de Bourbon ayant épousé Jeanne d'Albret. Antoine de Bourbon est, lui-même, le descendant en huitième génération de Robert, fils cadet de Saint Louis (Louis IX). Son fils parvient au trône de France sous le nom d'Henri IV (1589). Sa lignée directe va jusqu'à Charles X. Le dernier représentant n'est pas roi, il s'agit du comte de Chambord, petit-fils de Charles sans descendant en 1883.

La troisième branche dite des « Bourbons-Orléans » est issue de Philippe duc d'Orléans, frère de Louis XIV et second fils de Louis XIII. Elle donne Louis-Philippe Ier, roi des Français de 1830 à 1948. Le chef en était jusqu'à sa mort en juin 1999 Henri, comte de Paris. Son fils aîné se nomme également Henri.

La quatrième branche dite des « Bourbons d'Espagne » est issue de Philippe V, roi d'Espagne, petit-fils de Louis XIV. Elle règne sur l'Espagne de 1700 à 1931, et à nouveau depuis 1975 avec Juan Carlos Ier. Elle occupe le trône des Deux-Siciles jusqu'en 1860, celui du duché de Parme et Plaisance jusqu'en 1859. En

1987, le millénaire capétien plaça sous les feux de l'actualité le duc d'Anjou, petit-fils du roi d'Espagne, Alphonse XIII, issu de la branche espagnole des Bourbons. Ce dernier étant mort brutalement en 1989, son successeur est le prince Louis de Bourbon né à Madrid en 1974.

HENRI IV

Pau, 1553-Paris, 1610
Roi de France (1589-1610) et de Navarre (1572-1610)

Le règne d'Henri IV, chef de la maison des Bourbons, constitue une étape importante dans l'instauration de l'absolutisme. Prétendant lointain et direct de saint Louis, roi conquérant, puis civilisateur, Henri IV reste dans l'histoire comme un personnage de légende fiché entre la poule au pot et le panache blanc •

FILS d'Antoine de Bourbon et de Jeanne III d'Albret, reine de Navarre qui l'élève dans la foi protestante, Henri IV devint très tôt le chef du parti calviniste sous la tutelle de Coligny, s'illustrant dans les batailles des guerres de Religion. Pour soutenir la réconciliation entre catholiques et huguenots, il fait alors partie intégrante des combinaisons matrimoniales mises en place par Coligny. Au jeune roi de Navarre, qui s'engage à abjurer est promis Marguerite la sœur du roi (et cousine d'Henri plus connue sous le nom de reine Margot). Mais la politique de réconciliation est brutalement interrompue par le massacre de la saint Barthélemy. Juste après ses noces – Henri a épousé la reine Margot le 18 août 1572 –, dans la nuit du 23 au 24 août 1572 tandis que 3 à 6 000 personnes sont massacrées dans Paris, il est retenu dans les appartements royaux. Il abjure en présence du roi et le couteau sous la gorge. Ayant échappé à la mort au prix de ce premier reniement, il se retrouve captif à la Cour et ne réussit à s'enfuir qu'au bout de quatre ans (1576). Il redevient alors calviniste et guerroie plusieurs années à la tête du parti protestant.

La mort du duc d'Alençon, frère d'Henri III fait de lui l'héritier présomptif de la couronne, mais en 1585 Henri III le déchoit de sa succession. Henri de Navarre cumule les handicaps : à la fois rebelle au roi, calviniste et relaps. La guerre civile rebondit. C'est la guerre dite « des trois Henri » : Henri III, à la tête des royalistes, Henri de Guise, chef de la Ligue catholique, et Henri de Navarre, chef des protestants. Servi à la longue par les dissensions et les excès de la Ligue catholique, la mort d'Henri III,

Les Bourbons

Louis XIII le Juste (1601-1643)
roi de France (1610-1643)
+Anne d'Autriche, fille du roi d'Espagne Philippe III

Louis XIV le Grand (1638-1715)
roi de France (1643-1715)
+ Marie-Thérèse, fille du roi d'Espagne Philippe IV
6 enfants dont

Louis le Grand Dauphin (1661-1711)
+ Marie-Anne de Bavière
3 enfants dont

+ Victor-Amé

Louis (1682-1712)
duc de Bourgogne
+ Marie-Adélaïde de Savoie, fille du duc Victor-Amédée II
3 enfants dont

Philippe (1683-1746)
duc d'Anjou, roi d'Espagne (1700-1746)
+ Marie-Louise-Gabrielle de
fille du duc Victor-Amédée II

Dynastie des Bourbon

Louis XV le Bien-Aimé (1710-1774)
roi de France (1715-1774)
+ Marie Leszczynska, fille du roi de Pologne Stanislas
10 enfants dont

Louise-Elisabeth (1727-1759)
+ Philippe de Bourbon, infant d'Espagne, fils du roi Philippe V

Ducs de Parme

Louis de France (1729-1765)
+ Marie-Josèphe de Saxe, fille du roi de Pologne
8 enfants dont

Louis XVI (1754-1793)
roi de France (1774-1792)
+ Marie-Antoinette d'Autriche, fille de l'empereur François Ier
4 enfants dont

Louis XVIII (1755-1824)
roi de France (1814-1815 et 1815-18

Louis XVII (1785-1795)

Marie-Thérèse (1778-1851) *épouse* Louis-Antoin
duc d'Ar

Louise-M
+ Ch

Ducs de Parme et Grands-

Henri IV (1553-1610)
roi de Navarre (1572-1610)
roi de France (1589-1610)

+ Marie de Médicis, fille du grand-duc de Toscane François
6 enfants dont

abeth (1602-1644)
+Philippe IV, roi d'Espagne
Rois d'Espagne

Christine (1606-1663)
+Victor-Amédée Ier, duc de Savoie
Ducs de Savoie

Henriette (1609-1669)
+Charles Ier, roi d'Angleterre
Rois d'Angleterre

Branche des Orléans

Philippe (1640-1701)
duc d'Orléans

+ Henriette-Anne d'Angleterre
5 enfants dont

Anne-Marie (1669-1728)
uc de Savoie et roi de Sardaigne

+ Élisabeth-Charlotte de Bavière, la « Palatine »
3 enfants dont

Philippe II d'Orléans (1674-1723)
Régent

+ Françoise-Marie, fille de Louis XIV
et de Mme de Montespan
8 enfants dont

Louis (1703-1752)
duc d'Orléans

+ Auguste-Marie-Jeanne de Bade
2 enfants dont

spagne **Rois de Sardaigne**

Louis-Philippe (1725-1785)
duc d'Orléans

+ Louise-Henriette de Bourbon, Mlle de Conti
3 enfants dont

Louis-Philippe Joseph (1747-1793)
« Philippe-Égalité » duc d'Orléans

-Auguste II

+ Louise-Marie-Adélaïde de Bourbon
6 enfants dont

Louis-Philippe Ier (1773-1850)
roi des Français (1830-1848)

+ Marie-Amélie de Bourbon-Siciles
(1782-1866)
10 enfants

Dernier roi ayant régné

Charles X (1757-1836)
roi de France (1824-1830)

+ Marie-Thérèse de Savoie, fille du roi
de Sardaigne Victor-Amédée III
4 enfants dont

'75-1844)
me

Charles-Ferdinand (1778-1820)
duc de Berry

+ Marie-Caroline, princesse
des Deux-Siciles
4 enfants dont

Thérèse (1819-1864)
duc de Parme
de Luxembourg

Henri (V) (1820-1883)
duc de Bordeaux, comte de Chambord

Fin de la branche aînée des Bourbons

mais aussi par l'opinion inquiète des ingérences espagnoles, Henri IV, malgré ses victoires contre les ligueurs – Arques en 1589, Ivry en 1590, bataille où, tandis qu'il entraîne ses troupes, il prononce ces mots célèbres : *« Ralliez-vous à mon panache blanc, vous le trouverez toujours au chemin de l'honneur et de la victoire »* –, décide en 1593 d'abjurer le protestantisme : *« Paris vaut bien une messe »*. Il se fait sacrer à Chartres en février 1594, et Paris lui ouvre enfin ses portes le 22 mars 1594. Enfin, en novembre 1595, il obtient le pardon du pape. Henri IV signe l'édit de Nantes (13 avril 1598) qui fait du catholicisme une religion d'État tout en accordant aux protestants d'importants avantages : la liberté de conscience, l'égalité devant l'emploi et plusieurs places fortes. L'épuisement des deux adversaires aboutit au rétablissement de la paix (traité de Vervins avec les Espagnols, 2 mai 1598).

Sa popularité mais aussi sa grande adresse politique permettent à Henri IV d'œuvrer à la restauration de l'autorité royale, usée par trente ans de guerre civile, mais aussi à la réorganisation du royaume. Il affirme son autorité face au Parlement et impose l'obéissance à la haute noblesse, qui est écartée du pouvoir. Par l'édit de la Paulette (décembre 1604), il crée une noblesse rivale de la noblesse féodale et qui doit sa fortune au service rendu à l'État. Les officiers gagnent le droit de transmettre leur charge à leur héritier moyennant le paiement d'une taxe égale au soixantième de la valeur de cette charge. L'État s'attache ainsi des fonctionnaires dévoués.

Henri IV travaille aussi au redressement financier et économique de la France. Les finances sont restaurées par Sully, Grand voyer de France, l'agriculture encouragée par Olivier de Serres et l'industrie rénovée notamment grâce à la création de manufactures. Celles-ci s'établissent à Lyon, Tours, Paris, en Poitou, en Béarn et exportent les soies, les tapisseries et les cuirs. Les routes défoncées par la guerre sont remises en état, les marchandises peuvent circuler. Les marais de la Saintonge sont asséchés. Henri IV fait achever le Pont-Neuf qu'il inaugure à cheval en 1603.

Parties des côtes françaises, les expéditions de Samuel de Champlain partent explorer la vallée du Saint Laurent au Canada ; il fonde la colonie française de Québec.

À l'extérieur, Henri IV poursuit sa politique de méfiance à l'égard des Habsbourg d'Espagne, allant jusqu'à s'allier aux princes protestants allemands et aux Suisses prêts à entrer en guerre contre l'Espagne. Il contraint aussi le duc de Savoie à lui céder la Bresse, le Bugey, le Valromey et le pays de Gex (1601).

Époux de Marie de Médicis en 1600 après l'annulation de son premier mariage, Henri IV a six enfants légitimes, la vie sentimentale du « Vert Galant » restant aussi mouvementée que par le passé.

Ses maîtresses les plus célèbres sont Gabrielle d'Estrées, Henriette d'Entragues et Charlotte des Essarts.

Le 13 mai 1610, néanmoins, ayant fait sacrer Marie de Médicis (surnommée la « Grosse banquière ») à Saint-Denis et lui ayant confié la régence, Henri IV se prépare à partir à la guerre pour empêcher l'extension du Saint-Empire romain germanique. Il tombe alors poignardé par Ravaillac le 14 mai 1610.

L'agitation paysanne, l'opposition des extrémistes catholiques et protestants non désarmés expliquent pour beaucoup cet assassinat. Henri IV laisse à son successeur, son fils de 9 ans, le futur Louis XIII, un royaume prospère.

Louis XIII

Fontainebleau, 1601-Saint-Germain-en-Laye, 1643
Roi de France (1610-1643)

Timide et secret, Louis XIII fut l'une des figures les plus énigmatiques de la royauté française, l'historiographie l'ayant souvent présenté comme un roi fantoche, le pouvoir réel appartenant à son ministre Richelieu. Louis XIII, roi sans génie, sut s'attacher un ministre puissant et respectueux car Richelieu ne prit aucune décision sans son accord •

Fils aîné d'Henri IV et de Marie de Médicis, Louis XIII n'a que 9 ans à la mort de son père. Sa mère assure la régence avec son favori Concini et Leonora Galigao.

Elle arrange le mariage de Louis avec l'infante d'Espagne Anne d'Autriche, en même temps que celui de sa fille Élisabeth avec l'infant Philippe Concini devenu maréchal de France. Sa politique dépensière fait se dresser contre elle les Grands, les protestants et le peuple.

Majeur à 14 ans en 1614, Louis est sacré roi à Reims le 20 octobre 1614. Une semaine après s'ouvrent les derniers États généraux avant ceux de 1789. Ils n'aboutissent à aucune mesure importante et ne font qu'exacerber les désaccords entre les différents États. Toujours tenu à l'écart du pouvoir par sa mère et Concini, délaissé sauf de sa bonne « Maman-fille » la reine Margot, il se lie avec son fauconnier Charles de Luynes. C'est sur ses conseils qu'il décide le « coup d'État » du 24 avril 1617 : il fait assassiner Concini (1617), exiler sa mère à Blois et brûler « la Galigaï » comme sorcière. Il rappelle les ministres de son père, renvoie Richelieu et laisse son propre favori gouverner et poursuivre la politique catholique de la régente.

Les abus de Luynes incitent les Grands à chercher l'alliance de la reine-mère. Richelieu sert alors de médiateur pour réconcilier la mère et le fils, tandis que les protestants en profitent pour prendre les armes. En 1621, Luynes meurt au combat contre le Midi protestant. Richelieu s'arrange alors pour gagner la confiance du roi.

C'est seulement à partir de 1624, avec l'entrée de Richelieu au Conseil du roi, que Louis XIII élabore une nouvelle politique. Pendant 18 ans, Richelieu sera son principal ministre, tandis que graviteront autour du roi des favoris successifs. Le régime devient franchement absolutiste : les États généraux et l'assemblée des notables ne sont plus convoqués. Le règne de Louis s'accompagne de la constitution d'un État fort, centralisé et tout puissant, intervenant dans tous les domaines (promulgation du Code Michau en 1629, création de l'Académie française en 1635). L'autorité royale est restaurée par la création des intendants et la lutte contre les féodaux et les protestants.

Véritable État dans l'État, les protestants résistent au roi et à Richelieu, qui en vient à bout à l'issue du long et terrible siège de La Rochelle (1627-1628). L'édit d'Alès (28 juin 1629) consacre la reprise en mains royale : fin des privilèges politiques, militaires et juridiques des huguenots contre pardon royal et tolérance.

En règle générale, Louis XIII et Richelieu brisent toutes les oppositions. Au moindre doute de complot, les suspects sont éliminés. Le comte de Chalais (1626), le maréchal de Marillac et le duc de Montmorency (1632), Cinq-Mars pourtant longtemps favori adulé et De Thou (1642) en font la cruelle expérience. Ce qui n'empêche pas le frère du roi, Gaston d'Orléans encouragé par Marie de Médicis, de fomenter complots sur complots.

La reine-mère, elle-même, tente une dernière action contre Richelieu, le 10 novembre 1630. Dans la journée, Louis XIII alité lui promet la destitution de Richelieu, mais quelques heures plus tard, il convoque le cardinal pour... lui renouveler sa confiance et lui livrer ses ennemis. Ayant échoué, Marie de Médicis doit définitivement quitter le royaume. C'est la Journée des Dupes.

À l'extérieur, Louis XIII, contre l'avis du parti dévot (dominé par la reine-mère avant son exil) favorable à une alliance avec l'Espagne, choisit d'imposer la puissance de la France en Europe en luttant contre les Habsbourg d'Espagne et s'engage dans la guerre de Trente Ans. À partir de 1635, cette terrible guerre alourdit les charges fiscales.

En un demi-siècle, le produit des impôts a été multiplié par 7 et le montant des impôts directs a triplé. L'alourdissement de la fiscalité provoque des révoltes paysannes. Louis XIII et Richelieu profitent de cette situation d'urgence pour limiter les pouvoirs locaux (parlements, seigneurs de province). (Saint) Vincent de Paul soulage les malades, les pauvres et les abandonnés, qui sont en nombre croissant.

Débutée par des défaites (Corbie 1636) et des révoltes anti-fiscales, la guerre permet aux Français d'occuper l'Artois et le Roussillon. À l'extérieur également, Louis constitue un Empire colonial au Canada, en Afrique et aux Antilles.

Le 4 décembre 1642, Richelieu s'éteint, désignant Mazarin comme son successeur. Louis meurt à son tour le 14 mai 1643. Il est le dernier souverain à être pleuré par son peuple. Après 23 ans de mariage infécond, l'union du très chrétien Louis — mari occasionnel et amant platonique – et d'Anne donne naissance à Louis Dieudonné en 1638 et Philippe en 1640.

Louis XIV le Grand

Saint-Germain-en-Laye, 1638-Versailles, 1715
Roi de France (1643-1715)

Le règne le plus long de l'Histoire de France, traversé de succès mais aussi de guerres particulièrement ruineuses, porte à son apogée l'absolutisme royal. Ayant choisi le Soleil comme emblême, Louis XIV règne sur une France, qui accède par l'éclat des lettres et des arts à une place de premier ordre en Europe •

LE droit divin vit ses dernières heures de gloire avec celui qui proclame « *Quand je demande, il me semble que cela veut dire : je veux et j'aurai, ou, au moins, qu'il y a si peu de différence qu'elle n'est pas connaissable.* »

Fils de Louis XIII et d'Anne d'Autriche, il n'a que 5 ans à la mort de son père. Sa mère Anne appelle donc au pouvoir, conformément au vœu de Richelieu, le cardinal de Mazarin pour une régence qui va durer de 1643 à 1661. Mazarin va devoir régner contre une Fronde permanente (1648-1653). La poursuite de la guerre d'Espagne exige des moyens financiers croissants. En retour, le parlement de Paris propose en juin 1648 une réforme complète du mode de gouvernement : suppression des intendants, baisse des impôts... Après avoir fait semblant de céder, Mazarin fait arrêter trois parlementaires. Le coup de force déclenche la Fronde de Paris les 26, 27 et 28 août 1648. Des barricades s'élèvent, les Parisiens prennent les armes. Anne d'Autriche et le jeune roi s'enfuient de la capitale le 5 janvier 1649. Profondément marqué par les souvenirs de la Fronde, la fuite, l'errance, le bruit des combats, Louis en tire très tôt un vif sentiment de ses prérogatives royales.

Marié par nécessité politique à l'infante d'Espagne Marie-Thérèse le 9 juin 1660 (traité des Pyrénées, 1659), il commence son règne personnel à 23 ans à la mort de Mazarin (1661). Il affirme son souhait d'exercer pleinement son pouvoir en supprimant la charge de Premier ministre. Colbert appelé à la direction des Finances, lui fait éliminer le surintendant des Finances, Nicolas Fouquet. Ce dernier avait lui-même signé sa disgrâce en organisant des fêtes somptuaires en son château de Vaux-le-Vicomte, ce qui avait pour don d'exaspérer la jalousie du roi.

Louis, proclamateur de *« l'État c'est moi »* affirme, en même temps, sa volonté de gouverner lui-même, en écartant ceux qui, par leur naissance ou l'attribution de hautes charges, peuvent porter ombrage à son autorité. Il ne prend, dans les différents conseils de gouvernement (Conseil d'en-haut, Conseil des finances, Conseil des dépêches) que des hommes pour la plupart issus de la bourgeoisie (Colbert, Lionne, Le Tellier, Louvois, Pomponne). La noblesse, en dehors de ses emplois militaires, est exclue des affaires politiques, attirée à la cour de Versailles, amusée et ruinée par les fêtes, n'attendant du roi que faveurs et pensions. Sur la totalité des 200 000 nobles qu'on prétend « domestiqués », Versailles n'en accueille cependant qu'à peine 4 à 5 000. Les parlements sont réduits à l'impuissance et les États généraux jamais convoqués. Le gouvernement s'exerce à travers l'administration, officiers et intendants représentant, avec une police omniprésente, le pouvoir centralisé. Les assemblées de la Basse-Auvergne, du Maine, du Rouergue, du Quercy (1672-73), de l'Alsace (1683), de la Franche-Comté (1704) disparaissent. Une monarchie administrative se met en place. Parallèlement, une sorte d'exaltation quasi-religieuse du pouvoir monarchique se développe à la cour de Versailles où le Roi-Soleil s'installe avec les services des ministres à partir de 1672.

Le souci du prestige de la France au-dehors, associé à un évident désir de gloire personnelle, entraîne Louis XIV dans une politique belliqueuse, à la fois sur le plan économique (le colbertisme) et militaire. En diminuant les privilèges des grands financiers et en augmentant les taxes indirectes, Louis XIV trouve l'argent nécessaire pour créer des manufactures royales. L'exportation d'armes, de navires, d'outils alimente un commerce florissant. Les compagnies royales multiplient les comptoirs en Inde, en Amérique, aux Antilles, au Sénégal. Cavelier de la Salle descend le Mississipi, dont il atteint le delta en 1682. Il prend possession de vastes plaines auxquelles, il donne le nom de « Louisiane » en l'honneur de son roi. Les 11 colonies anglaises sont désormais entourées de terres françaises. À la mort de Colbert en 1683, la France se classe au 1er rang de l'économie européenne.

Au plan militaire, pour mener les 33 ans de guerre de son règne, le roi dispose d'une marine de guerre puissante de 276 vaisseaux de ligne, d'une armée organisée par

Le Tellier et Louvois et, à partir de 1678, le maréchal de Vauban construit tout autour de la France une ceinture de places fortes stratégiques. Avec 72 000 hommes en 1667, 280 000 en 1673 et 380 000 au début du XVIIIe siècle, l'État militaire n'est pas si puissant que les chiffres le laissent supposer. La première phase des conflits (1661-1679), celle des succès, se déroule dans le contexte de la traditionnelle rivalité entre la France et l'Espagne, mais elle conduit aussi au conflit avec la Hollande et l'Empire. La guerre de Dévolution (1667-1668) rapporte au roi Lille et une partie de la Flandre. La guerre de Hollande (1672-1678) s'avère inutilement cruelle et dégénère en conflit européen. Louis XIV se fourvoie en voulant imposer au trône d'Espagne son petit-fils cadet Philippe d'Anjou. L'Espagne cède la Franche-Comté, des villes du Hainaut, de la Flandre maritime et de l'Artois. Durant les dix années qui suivent, la France, en pratiquant en pleine paix une politique d'annexions (Strasbourg en 1681), provoque l'inquiétude en Europe où commencent à se nouer des alliances défensives. Guillaume III, son plus redoutable adversaire, accède au trône d'Angleterre.

À la fin de son règne, dont Saint-Simon a laissé un témoignage précieux, Louis XIV laisse un pays épuisé économiquement, affaibli démographiquement mais aussi divisé religieusement. L'affaire de la Régale (1673-1693), qui manifestait la volonté d'indépendance de la monarchie à l'égard de toute puissance spirituelle, l'oppose au pape. Considérant l'unité de foi comme un garant de l'ordre et de la stabilité du royaume, Louis XIV décide la révocation (1685) et lutte contre les jansénistes. Deux cent mille protestants partent en exil et le monastère de Port Royal est fermé (1709), avant d'être détruit (1711). La révocation achève d'irriter les alliés allemands et de dresser l'Europe contre la France.

La guerre de la ligue d'Augsbourg (1688-1697) se solde par la restitution de la plupart des annexions passées, Strasbourg étant conservé (paix de Ryswick), et la guerre de Succession d'Espagne (1701-1714) met la France au bord de la ruine malgré une paix honorable (traités d'Utrecht et de Rastadt).

À l'expression de cette autorité monarchique répond le rayonnement culturel de la France qui caractérise le « siècle de Louis XIV », le mécénat royal ayant largement contribué à l'éclat des lettres et des arts. Le classicisme français triomphe au milieu d'une Europe universellement baroque. La protection de Louis XIV consacre la renommée de Molière, Racine, Boileau, Bossuet et Lully.

La sculpture (Puget, Girardon) et la peinture (Poussin, le Lorrain, Philippe de Champaigne, Le Brun), mais plus particulièrement l'architecture brillent d'un éclat particulier, rendant célèbre l'art français, imité dans toute l'Europe (Le Vau, Hardouin-Mansart).

Le roi meurt de gangrène le 1er septembre 1715. Les infidélités de Louis XIV sont célèbres. Sa vie privée connaît une suite d'intrigues amoureuses. Après la duchesse de La Vallière, la marquise de Montespan est la maîtresse en titre de 1667 à 1679. Disgraciée lors de l'affaire des Poisons en 1680, elle cède la place à la très puritaine Françoise d'Aubigné épousée discrètement en 1683. L'ex-Madame Scarron, favorite sous le nom de Madame de Maintenon est la gouvernante des enfants du roi et de la marquise de Montespan. Ces enfants sont légitimés en 1673, précaution utile puisque l'union avec Marie-Thérèse a donné naissance à 6 enfants dont aucun ne survit au roi.

La mort successive de son fils le Grand Dauphin (1711), puis de l'aîné de ses petits-fils, le duc de Bourgogne (1712), et de ses arrière-petits-fils laisse néanmoins un héritier encore enfant, Louis (futur Louis XV).

Louis XV le Bien-Aimé

Versailles, 1710-id., 1774
Roi de France (1715-1774)

En 1715, à son avènement, fêté par tous, il est le Bien Aimé. Quelques décennies plus tard, aucun mot n'est assez dur pour le qualifier. Abandon du Canada, perte de la Louisiane, fêtes dispendieuses, soumission aux groupes de pression de ces « Messieurs du parlement » jansénistes, réformes trop tardives... les reproches sont légion. Et pourtant, le long règne de Louis XV (59 ans) est marqué par un remarquable rayonnement de la culture française et un essor économique. Le roi, lui-même, est l'un des souverains les plus cultivés (bien qu'il condamne l'*Encyclopédie*) que nous ayons connus. •

ARRIÈRE petit-fils de Louis XIV et fils du duc de Bourgogne, Louis, âgé de 5 ans à son avènement, est élevé par Mme de Ventadour, le maréchal de Villeroi et le futur cardinal de Fleury auquel il doit une excellente instruction, et un intérêt particulier pour les sciences et les techniques qu'il encouragera sous son règne.

Philippe d'Orléans exerce la Régence. Devenu majeur en 1723, Louis XV confie le pouvoir à des ministres, au duc de Bourbon (1723) renvoyé car trop impopulaire (1726), puis au cardinal de Fleury qui conserve la direction des affaires jusqu'à sa mort (1743). Cette période est la plus prospère du règne – Fleury, après l'échec de Law, assainit les finances, pratique une politique d'économie et de retour au colbertisme, favorisant ainsi le commerce colonial et la fiscalité. Le commerce extérieur connaît un grand essor. Nantes, Bordeaux s'enrichissent grâce au trafic du commerce triangulaire.

Malgré son pacifisme, le ministre engage la France dans la guerre de Succession de Pologne (1733-1738) censée assurer la Lorraine au royaume. Il soutient ainsi Stanislas Leszczynska, le beau-père du roi.

À la mort de Fleury, Louis XV annonce son désir de gouverner personnellement et ne nomme pas de Premier ministre. Cette nouvelle période sera moins faste.

À l'extérieur, deux grandes guerres, la guerre de Succession d'Autriche (1740-1748) et la guerre de Sept Ans (1756-1763) – très impopulaires – sacrifient les intérêts coloniaux de la France sans favoriser ses intérêts européens.

Dans la « folle guerre », la succession d'Autriche, Louis XV cède à la pression de l'opinion publique favorable à une alliance avec le roi de Prusse Frédéric II, ami des esprits éclairés. Mais ce dernier trahit la France qui doit soutenir un effort de guerre prolongé. Louis XV s'illustre à la bataille de Fontenoy (11 mai 1745), mais déclare à l'occasion au dauphin *« Mon fils, voyez ce que coûte une victoire ; le sang de nos ennemis est toujours le sang des hommes. La vraie gloire, c'est de l'épargner ».*

La guerre de Sept Ans, déclenchée par les provocations de l'Angleterre se termine par le désastreux traité de Paris (1763), dont peu de contemporains prennent la mesure. L'Angleterre s'empare de nombreuses colonies françaises en Amérique. La détention du domaine colonial est aussi gâchée en Inde, où Dupleix, premier Nabab français finit, désavoué par la Compagnie, par partir.

À l'intérieur, l'opposition parlementaire est forte. Rétablis dans leurs pouvoirs sous la Régence, les parlements ne cessent de harceler le gouvernement, faisant figure de défenseurs des libertés publiques contre le despotisme alors qu'ils ne sont que le rempart des privilèges. La guerre de Sept Ans ayant été très coûteuse, Louis XV soutient la politique fiscale de Machault d'Amouville qui crée l'impôt du vingtième sur tous les revenus (1749), mais doit l'abandonner sous la pression des privilégiés.

En 1757, le roi est victime d'une tentative d'assassinat par Robert François Damiens, qui laisse la France indifférente. Damiens n'en est pas moins écartelé en place publique.

L'hostilité parlementaire trouve aussi son terrain d'élection dans la question religieuse, défendant le jansénisme et attaquant les jésuites, que Choiseul finit par renvoyer en 1762. En 1764, leur ordre est même dissous selon les vœux du pape.

Après la disgrâce de Choiseul (24 décembre 1770), le *triumvirat* Maupeou-Terray-d'Aiguillon tente de restaurer l'autorité royale. Les parlements sont renvoyés, mais ces mesures autoritaires arrivent trop tard.

Le roi est marié avec Marie Leszczynska, fille du roi détrôné de Pologne, de sept ans son aînée, le 5 septembre 1725. Elle apporte la Lorraine à la France. De leur union naîtront 10 enfants, dont le Dauphin. Louis XV ne trouvant auprès de la reine que le coin le plus gris de la Cour, se divertit à partir de 1733 avec Mme de Mailly, sa sœur Mme de Vintimille, son autre sœur Mme de la Tournelle...

La plus célèbre de ses conquêtes est Mme d'Étiolle. À peine intronisée comme favorite, elle reçoit le titre de Mme de Pompadour. Belle, intelligente, cultivée, vive, cette femme de pouvoir, férue de philosophie, amie des encyclopédistes, habituée des salons « éclairés » du XVIIIe siècle se fait présenter à Versailles en 1745. Au bout de cinq ou six ans, quand les feux de la passion royale déclinent, l'intrigante, loin d'être renvoyée de la Cour devient l'amie du roi. Elle organise fêtes et divertissements. Moins la Pompadour est amante, plus elle agit en souveraine.

Son règne dure ainsi vingt ans. Elle fait et défait les ministres, conseille les ambassadeurs, renverse des alliances, correspond avec les généraux. Toutes ces initiatives sont loin d'être heureuses. Elle flatte les faiblesses du roi plutôt qu'elle ne les combat.

Autre favorite, Mme Du Barry contribue à la chute de Choiseul et à l'avènement de Maupeou et de d'Aiguillon. Elle se laisse entraîner dans des cabales qu'elle ne contrôle pas.

Roi mécène, Louis donne une partie marécageuse de son domaine où s'élèvera la place de la Concorde et lance la construction de nombre d'édifices : l'École de Droit, l'École de Chirurgie, l'actuelle École de Médecine, la Monnaie, l'Église Sainte-Geneviève. Le roi fait rebâtir la colonnade du Louvre. Il fait reconstruire le château de Compiègne, ouvre le chantier de l'Opéra, fait élever l'aile « Louis XV » à Fontainebleau. Le roi charge Trudaine, conseiller d'État, de lancer de grands travaux routiers.

Le 10 mai 1774, Louis XV meurt de la variole. Il laisse le royaume agrandi de deux provinces : la Lorraine (1766) et la Corse (1768).

Le roi a eu deux fils qui meurent avant lui. Son dauphin Louis, veuf de sa première femme, épouse Marie-Josèphe de Saxe (le soir de leur mariage en 1770, une panique de la foule fait 133 morts) qui lui donne huit enfants dont trois vont régner : le duc de Berry (Louis XVI) d'abord, le comte de Provence (Louis XVIII) et le comte d'Artois (Charles X) après l'intermède de l'Empire.

ORLÉANS, PHILIPPE II, (DUC D')

Saint-Cloud, 1674-Versailles, 1723
Régent de France (1715-1723)

FILS de Philippe d'Orléans, frère de Louis XIV. Habile capitaine lors de la guerre de Succession d'Epagne, il est exilé un moment à Versailles pour avoir comploté afin d'obtenir le trône d'Espagne.

Après la mort de Louis XIV, il fait casser par le Parlement le testament du roi donnant le pouvoir effectif au duc du Maine – bâtard légitimé issu de la liaison de Louis XIV avec la marquise de Montespan – et se fait reconnaître régent du royaume.

La « Régence » évoquera désormais les roués, leurs vices et leurs orgies, les petits soupers fins. La licence des mœurs contraste, en effet, avec l'austérité de la fin du règne précédent. Son pouvoir est marqué par une réaction contre l'absolutisme du règne précédent.

Libéral et démagogue, il satisfait les attentes d'une noblesse bridée par le tout-puissant Louis XIV. Les parlements retrouvent leur droit de remontrance, les grands seigneurs dominent les conseils de régence, les jansénistes emprisonnés sont libérés.

Sa politique accumule les échecs : le système de la polysidonie en petits conseils irrite, tout comme les guerres coûteuses contre l'Espagne, alliée naturelle de la France.

Avant de mourir, il s'égare une fois encore en soutenant l'Écossais John Law dans les expériences financières hasardeuses.

Louis XVI

Versailles, 1754-Paris, 1793
Roi de France (1774-1791) puis roi des Français (1791-1792)

Homme d'État médiocre, entouré de ministres remarquables, il décourage leurs initiatives par une indécision maladive. Il est l'artisan, souvent manipulé, de la chute de la monarchie lors de la Révolution française •

PETIT-fils de Louis XV, il est le troisième fils du Dauphin et de la princesse Marie-Josèphe de Saxe. Après la mort de ses deux frères aînés, il devient roi à 20 ans, en 1774. Pieux et honnête mais très méfiant à l'égard des idées nouvelles, d'un caractère indécis et timide, il est mal préparé aux affaires politiques, s'intéressant davantage à la chasse et aux travaux artisanaux, comme la serrurerie ou l'horlogerie.

Marié à Marie-Antoinette d'Autriche (1770) dans le but de renforcer l'alliance avec l'Autriche, il est affaibli par le discrédit qui frappe la reine. Critiquée pour ses mœurs libertines, ses dépenses excessives, sa passion des bals et des fêtes, « L'Autrichienne », surnommée aussi « Mme Déficit » finit par se rendre vraiment impopulaire lors de l'affaire du Collier (1785).

Louis commence son règne par une grave erreur : le rappel des parlements mis au pas par Maupeou. Les magistrats font aussitôt tout pour empêcher toute réforme. Conseillé par le conservateur Maurepas disgracié par son grand-père, le roi appelle néanmoins au pouvoir, deux réformateurs : Turgot et Malesherbes. Turgot réalise des économies, réduit la dette et supprime les corvées, mais le parlement fait échouer la mise en place des impôts sur le revenu foncier et sur la libre circulation des grains. L'augmentation du prix des céréales entraîne la « guerre des farines » et Louis XVI sacrifie Turgot. Quels que soient les abus, toute tentative de réforme se heurte à l'opposition des privilégiés. Après Turgot, le banquier genevois protestant Necker a recours à des emprunts onéreux pour financer la guerre d'Indépendance américaine. L'intervention française rehausse le prestige de la France en Europe, mais ajoutée aux dépenses inconsidérées de la Cour, elle aggrave encore la crise financière. La moitié des rentrées budgétaires est engloutie par la dette. Bientôt, l'État est au bord de la faillite. Sur le plan social, Necker supprime le servage (1779) et dénonce les gaspillages de la Cour. Lui aussi disgracié, il démissionne en 1781. Fleury et d'Ormesson poursuivent sa politique d'endettement. Ni Calonne, ni Loménie de Brienne ne réussissent à rétablir l'équilibre budgétaire.

L'état critique du Trésor royal, auquel s'ajoutent l'opposition nobiliaire à l'absolutisme, le malaise social et économique, décide Louis XVI à rappeler Necker et à convoquer les États généraux (mai 1789). Les membres du Tiers-État enfin réunis refusent de s'en aller si le monarque n'accepte pas des réformes. Constitués en Assemblée nationale, ils sont rejoints par des députés du clergé et de la noblesse. Le 20 juin, par le Serment du Jeu de paume, ils s'engagent à donner à la France une Constitution. Louis XVI enfermé jusqu'alors dans un refus obstiné ne peut plus faire semblant d'ignorer leur action. La monarchie absolue s'efface devant la monarchie constitutionnelle.

Par crainte d'un complot aristocratique, le peuple de Paris se soulève et s'engouffre à la Bastille. Louis XVI rentre à Paris le 17 juillet, tandis que les premiers aristocrates partent en exil. L'Assemblée nationale vote l'abolition des privilèges dans la nuit du 4 août. Louis XVI rechignant à ratifier ces changements, le peuple va le chercher à Versailles le 6 octobre et le ramène aux Tuileries. Les constituants poursuivent leur travail et à la fête de la Fédération le 14 juillet 1790, le roi et le peuple sont réunis en une bonne entente toute d'apparence. Violemment hostile aux réformes, en effet, le roi quitte Paris le 20 juin 1791. La Constitution est promulguée le 14 septembre 1791. Le pouvoir exécutif revient au roi des Français (et non plus au roi de France).

Le roi tentant alors de trouver refuge auprès des monarques étrangers est arrêté dans sa fuite à Varennes (20 juin 1791). Cette arrestation signe la rupture définitive entre le peuple et le roi. L'attitude hésitante et contradictoire du roi dès le début de la Révolution, l'influence de sa femme et de ses frères (le comte de Provence et le comte d'Artois), l'appui secret donné aux émigrés, les *veto* suspensifs sous l'Assemblée législative destinés à freiner la Révolution et les négociations secrètes avec l'ennemi après la déclaration de guerre contre l'Autriche (avril 1792) avaient déjà bien entamé le prestige royal. Le manifeste de Brunswick menaçant de raser Paris, si la famille royale n'est pas respectée, provoque l'indignation populaire et l'insurrection du 10 août 1792. Prisonnier de la Commune insurrectionnelle, le roi est suspendu de ses fonctions et enfermé au Temple, « Louis Capet » est jugé par la Convention et déclaré coupable de « conspiration contre la liberté de la Nation ». Condamné à mort sans appel au peuple, ni sursis, malgré l'attitude modérée des Girondins, il est exécuté le 21 janvier 1793 à 10 heures du matin, sur la place de la Révolution (place de la Concorde). Il déclare avant sa mort : *« Je pardonne aux auteurs de ma mort. Je prie Dieu que le sang que vous allez répandre ne tombe pas sur la France ».* Louis XVI avait eu de Marie-Antoinette quatre enfants dont deux survivent à sa mort : Madame Royale (1778) et le second Dauphin (1785) dit Louis XVII. Il laisse surtout deux frères émigrés, les comtes de Provence (futur Louis XVIII) et d'Artois (futur Charles X).

Louis XVII

Versailles 1785-Paris 1795

À la mort de Louis XVI (1793), le comte de Provence, frère du roi, prend le titre de régent et proclame roi le second dauphin (le premier dauphin étant mort en 1789), sous le nom de Louis XVII. Celui-ci est titré duc de Normandie.

Avec sa gouvernante, Mme de Tourzel, il suit le destin de la famille royale pendant la tourmente révolutionnaire et est arrêté comme les siens le 25 juin 1791 lors de la fuite de Varennes. Prisonnier à 6 ans, incarcéré au Temple avec ses parents, il est séparé de son père le 11 décembre 1792 et de sa mère le 3 juillet 1793. Le cordonnier Simon, chargé de l'éduquer comme un enfant du peuple, abandonne ses fonctions en janvier 1794 et Louis se retrouve délaissé et isolé.

Orphelin à 8 ans, il meurt le 8 juin en prison.

Louis XVIII

Versailles, 1755-Paris, 1824
1814-1815

Petit-fils de Louis XV, frère de Louis XVI et du comte d'Artois (futur Charles X), il règne en France d'avril 1814 à mars 1815 (première Restauration), puis, après les Cent-Jours et la seconde abdication de Napoléon Ier, de 1815 à 1824 (seconde Restauration). Son règne, d'abord modéré, se durcit considérablement après l'assassinat du duc de Berry (1820) sous la pression des ultras royalistes, partisans d'un retour à l'Ancien Régime. Il est surnommé le « roi fauteuil » en raison de son obésité •

Comte de Provence, il émigre à l'étranger lors de la Révolution en juin 1791, séjournant successivement à Coblence, Vérone, Milan puis en Angleterre au château de Hartwell, et ne cessant de militer en faveur du rétablissement de la monarchie en France. À la mort de Louis XVII en 1795, le régent se fait appeler roi de France, bien qu'il soit en exil. En 1815, tandis que leurs armées marchent sur Paris, les Alliés ne sont guère fixés sur le régime à donner aux Français. Survient alors l'affaire de Bordeaux : à l'initiative d'une société secrète royaliste, les Chevaliers de la Foi, Wellington occupe la ville le 12 mars 1815 et la garde nationale prend la cocarde blanche. Quelques heures plus tard, le duc d'Angoulême (neveu de Louis XVIII et fils aîné du futur Charles X) forme un gouvernement provisoire. L'élan gagne une partie du Midi et Toulouse le 12 avril. Le tsar commence alors à croire qu'il existe un courant favorable aux Bourbons. Il rejoint ainsi les convictions de l'Angleterre.Son hôte Talleyrand le conforte dans cette conviction : il entend entraîner dans son ralliement aux Bourbons l'essentiel du personnel impérial et obtenir du nouveau roi des garanties pour les idées et les hommes de la Révolution. L'entrée du roi Louis XVIII à Paris le 3 mai 1815 provoque un étonnant enthousiasme de la population. Les Parisiens lui sont reconnaissants de préserver par sa présence la capitale des exactions des troupes étrangères victorieuses. La province marque aussi son adhésion.

À son avènement, le roi âgé de 60

ans est veuf et sans enfants. Faisant de petits vers, aimant les traits d'esprit, dépourvu de convictions religieuses, il est resté homme du XVIIIe siècle. La Charte qu'il « octroie » (1814) établit en France une monarchie constitutionnelle. Il signe un premier traité de Paris (30 mai 1814) relativement favorable à la France vue l'ampleur de la défaite.

C'est alors que Napoléon revient. Pendant les Cent-Jours, le roi se retire à Gand en Belgique, puis reprend le pouvoir après la défaite de Waterloo et doit accepter le second traité de Paris (novembre 1815) nettement plus sévère, les Alliés étant désormais méfiants. La France perd ses enclaves du nord-est et une partie de la Savoie. Elle est occupée par les vainqueurs jusqu'à ce qu'elle ait payé une forte indemnité de guerre.

Souhaitant n'être pas « roi de deux peuples », Louis s'efforce au début de son règne de concilier les acquis de la Révolution et de l'Empire avec le retour de la monarchie. Dès son arrivée, il sait faire des concessions. Pour preuve, il prend Talleyrand comme Premier ministre et, au retour de Gand, en juin 1815, lui adjoint le régicide Fouché. En revanche, il reprend le drapeau blanc sous prétexte que le tricolore a rassemblé les troupes à Waterloo et que la France s'est soulevée derrière le drapeau blanc. Le changement de couleur provoque quelques mutineries. Il humilie l'armée et accrédite l'image d'un roi « revenu dans les fourgons de l'étranger ».

La deuxième Restauration subit les conséquences d'un régime soumis au règne des partis. La Chambre élue en 1815, est dite « chambre introuvable » car plus royaliste que le roi. Elle est soutenue par le comte d'Artois, frère du roi et futur Charles X, qui entrave l'action du gouvernement. Louis XVIII commente en évoquant son frère *« Vous vous plaignez d'avoir un roi sans jambes, que direz-vous quand vous aurez un roi sans tête ».*

Avant même les élections de 1815, des émeutes populaires se déchaînent dans le Midi de la France où le petit peuple est ardemment royaliste. C'est la Terreur blanche, nommée ainsi par rapprochement avec la Terreur républicaine de 1793. Des bonapartistes sont massacrés tel le général Brune à Avignon. La nouvelle Chambre, de son côté, impose des juridictions d'exception contre les complices des Cent-Jours. La plus illustre victime en est le maréchal Ney condamné à mort par la Chambre des pairs et fusillé.

Le roi s'inquiète de ces violences. Il penche pour le gouvernement des libéraux (Richelieu, Decazes), mais cette préférence résiste mal aux pressions des ultras royalistes. Le 13 février 1820, notamment, l'assassinat de l'héritier du trône, le duc de Berry devant l'Opéra par l'ouvrier sellier Louvel déclenche les foudres des royalistes. Les ultras attribuent à la faiblesse de Decazes la responsabilité de ce crime. Le roi cède alors et renvoit son favori.

Il rappelle Richelieu qui fait voter des mesures réclamées par la droite. Toute l'opposition est alors muselée, les journaux censurés et les libertés suspendues. La loi du double vote permet aux électeurs les plus riches de voter deux fois. Résultat, aux élections législatives de 1828, les ultras reviennent en masse à la Chambre.

Ils obligent Louis XVIII à remplacer Richelieu par un des leurs, Villèle.Jusqu'en 1824, ce dernier mène une politique relativement modérée au regard du parti qui l'avait amené au pouvoir. L'opposition interdite se réfugie dans les sociétés secrètes comme la Charbonnerie.

À l'extérieur, le roi intervient en Espagne à la demande de Chateaubriand, ministre des Affaires étrangères et rétablit ainsi le roi Ferdinand VII de Bourbon sur le trône.

Sur le plan culturel, il favorise l'activité artistique. Éloignant la royauté du château de Versailles, il réside au château des Tuileries. Il améliore la ville de Paris : rues percées, places ouvertes, canaux Saint-Martin et Saint-Denis creusés, le théâtre de l'Odéon vandalisé par les révolutionnaires est rénové. Il fait édifier une Chapelle expiatoire pour rendre hommage à la mémoire de Louis XVI et des siens.

Louis XVIII meurt le 16 septembre 1824. Son frère, le comte d'Artois lui succède sous le nom de Charles X.

Charles X

Versailles, 1757-Görz (aujourd'hui Gorizia, Slovénie), 1836
Roi de France (1824-1830)

Frère de Louis XVI et de Louis XVIII auquel il succède en 1824, Charles X, par sa politique réactionnaire et autoritaire, s'aliène rapidement l'opinion libérale et est détrôné au profit du duc d'Orléans (Louis-Philippe Ier) par la révolution de 1830. Sa chute marque la fin de la branche aînée des Bourbons •

PORTANT d'abord le titre de comte d'Artois, il vit à Versailles, puis, la révolution de 1789 déclenchée, il prend la tête de la réaction et est l'un des premiers à émigrer (juillet 1789). Essayant de mobiliser les cours européennes contre le nouveau régime français, il tente lui-même un débarquement à l'île d'Yeu en 1795. Chef de file des contre-révolutionnaires, il parvient à se faire reconnaître comme lieutenant général du royaume en avril 1814 par les Alliés et exerce à ce titre le gouvernement jusqu'à l'arrivée de Louis XVIII le 3 mai 1815. Il participe activement à la lutte contre la France, aidant à la défaite des dernières troupes de Napoléon Ier. En 1815, il s'avance à Nancy, mais ne réussit pas à mobiliser de parti. Après le ralliement, et durant le règne de Louis XVIII, Monsieur, frère du roi, étant l'héritier au trône, il devient bientôt l'un des dirigeants du parti des ultras royalistes et combat la politique jugée modérée de Louis XVIII.

À la mort de ce dernier, manifestant son attachement aux traditions de l'Ancien Régime, Charles X se fait sacrer à Reims avec un faste digne des grands jours de l'Ancien Régime le 29 mai 1825. L'opinion est choquée pas tant par le sacre que par le fait de voir le roi prosterné devant l'archevêque. L'homélie maladroite de Mgr de La Fare contre la Charte et la liberté des cultes, et le traditionnel toucher des scrofuleux achèvent de désemparer le peuple. L'année suivante quand le roi suit à pieds les processions du jubilé vêtu de violet, le peuple s'imagine qu'il s'est fait évêque et le bruit court qu'il dit la messe.

Charles X impose à l'intérieur les tendances ultras royalistes en faisant voter des lois impopulaires. Devenu très dévot, il renforce la position de l'Église dans l'État.

L'alliance du trône et de l'autel s'affirme, les jésuites reviennent, l'Université est placée sous l'autorité de Mgr Frayssinaus. Une loi sur le sacrilège punit de mort le vol des vases sacrés contenant des hosties, de la peine de parricide (la mort précédée de la mutilation du poing) la profanation des hosties. Une autre loi organise l'indemnisation des émigrés. Dite le « milliard des émigrés », elle ne distribue en fait que 625 millions aux familles spoliées. Une autre encore tente d'interdire la presse politique. L'auteur de ces propositions législatives, le Premier ministre Villèle n'attire que les critiques. Malgré une loi électorale peu favorable, l'opposition remporte les élections à la Chambre des députés en 1827.

Face à l'hostilité croissante de l'opinion, Charles X, inquiet des progrès des libéraux, confie le pouvoir à Martignac (1828), avocat bordelais modéré, issu de cette partie de la droite que l'évolution du régime inquiète. Mais contraint à faire du villélisme sans Villèle, Martignac qui sera congédié le 8 août 1829 ne peut guère changer l'inflexion du régime. En revanche, il mène à l'extérieur une politique active. En Grèce, où la France était intervenue dès le ministère Villèle (1827) l'habileté de La Ferronays, ministre des Affaires étrangères, arrache à l'Angleterre l'indépendance complète de la Grèce, rendant à la France sa place au Proche-Orient et posant les bases d'un accord franco-russe.

Charles X constitue alors un ministère selon son cœur. Il confie le pouvoir aux dirigeants ultras les plus impopulaires. Aux Affaires étrangères s'installe le prince de Polignac (1829). Il réunit en sa seule personne l'inconvénient d'être le fils d'une favorite de Marie-Antoinette (et peut-être même le fils adultérin du comte d'Artois), un ancien émigré, un comploteur sous Napoléon, un congrégationniste et le mari d'une Anglaise. La Bourdonnaye, ministre de l'Intérieur a réclamé en 1815 contre les complices des Cent-Jours « des fers, des bourreaux ». Bourmont, ministre de la Guerre est un ancien Chouan rallié à Napoléon, passé à l'ennemi et suspect de trahison.

Polignac organise néanmoins la victorieuse expédition d'Alger (6 juillet 1830), expédition terrestre après un débarquement à Sidi-Ferruch, à 17 km d'Alger. Le dey capitule rapidement. Il rallie ainsi les milieux commerciaux marseillais déçus par la difficulté de relever le vieux commerce du Levant et qui lui cherchent un substitut.

Au discours du trône, qui ouvre la session des Chambres, le 2 mars 1830 Charles X se fait menaçant, évoquant de « coupables manœuvres » qu'il aura « la force de surmonter ». Les députés lui répondent par l'« Adresse des Deux cent vingt et un » (votée par 221 voix contre 181), qui entraîne la dissolution de la Chambre puis sa réélection, marquée par un renforcement de l'opposition libérale. Charles X refuse de se soumettre à la volonté du pays.

Afin de renforcer l'autorité du régime, il décide un véritable coup de force par la promulgation les 4 ordonnances de Saint-Cloud (25 juillet 1830). La première suspend la liberté de la presse, la seconde dissout la Chambre, la troisième modifie la loi électorale en relevant le cens et la quatrième convoque les collèges électoraux pour les 6 et 13 septembre. La mesure provoque l'insurrection. Les 27, 28 et 29 juillet 1830, au cours des « Trois glorieuses », le peuple de Paris se soulève, contraignant Charles X à abdiquer.

Après avoir désigné son petit-fils, le comte de Chambord, comme héritier du trône, Charles X s'exile. Il traverse l'ouest de la France drapeau blanc déployé et s'embarque à Cherbourg le 16 août. L'effacement des Bourbons de la branche aînée écartant d'emblée le comte de Chambord profite non aux Républicains, pourtant maîtres de la rue, mais au chef de la branche cadette des Bourbons soutenue par la bourgeoisie. Louis-Philippe duc d'Orléans succède à Charles X.

LOUIS-PHILIPPE Ier

Paris, 1773-Claremont, 1850
Roi des Français (1830-1848) sous la monarchie de Juillet

C'est sous son règne que triomphe la grande bourgeoisie libérale à laquelle le système électoral censitaire réserve le droit de vote. Cependant, le refus du roi et des classes possédantes de toute réforme démocratique et sociale provoque la révolution de février 1848 qui balaye le régime et accule Louis-Philippe à l'émigration. Louis-Philippe, homme d'une intelligence et d'un courage certains, a voulu être un vrai roi, un grand roi. Il a seulement oublié que la France ne voulait plus de roi du tout, ni petit ni grand •

FILS de Louis-Philippe d'Orléans (dit plus tard Philippe Égalité) et de Louise-Marie de Bourbon-Penthièvre, il tient longtemps sa réputation de libéralisme de son père, qui fut jacobin et conventionnel régicide avant de mourir sous la guillotine.

Élevé par la maîtresse de son père, Mme de Genlis, il apprend le sens de la vie pratique et reçoit une culture relativement poussée. Comme son père, il adhère aux idées révolutionnaires, est membre du Club des jacobins et participe aux batailles de Valmy et de Jemappes sous les ordres de Kellermann puis de Dumouriez. Lorsque ce dernier passe à l'ennemi, Louis-Philippe s'exile à l'étranger. Tenu en suspicion par les émigrés et proscrit par la France révolutionnaire, il vit modestement en Suisse et aux États-Unis. En 1800, il revient en Angleterre, se réconcilie avec les Bourbons, épouse en 1809 Marie-Amélie, fille du roi Ferdinand des Deux-Siciles, et vit en Sicile (1810-1814) jusqu'à la Restauration.

Rentré en France avec Louis XVIII, il recouvre son immense fortune, mais est tenu à l'écart de la Cour et de la vie politique, et se consacre à l'éducation de ses enfants et à la gestion de ses biens. Il mène aux Tuileries une vie simple, le bourgeois parisien pouvant le rencontrer dans Paris, son « grand parapluie sentimental » sous le bras, comme dit le poète allemand Heine. Mais, en même temps, il courtise discrètement l'opposition libérale.

La révolution de 1830 chasse Charles X du trône. Le 30 juillet une proclamation rédigée par

Thiers et quelques autres est diffusée dans Paris : « Charles X ne peut plus rentrer dans Paris, il a fait couler le sang du peuple. La République nous exposerait à d'affreuses divisions : elle nous brouillerait avec l'Europe. Le duc d'Orléans est un prince dévoué à la cause de la Révolution. Le duc d'Orléans est un roi citoyen ». Louis-Philippe apparaît alors comme la solution idéale aux yeux de la bourgeoisie d'affaires (Casimir Perier, Jacques Laffitte) qui redoute l'instauration d'une République menaçante pour la paix. D'abord nommé lieutenant général du royaume (31 juillet 1830), après la révision de la Charte constitutionnelle, Louis-Philippe devient « roi des Français » sous le régime de la monarchie de Juillet. Dès la cérémonie d'intronisation (9 août) pour preuve de sa bonne volonté, il fait remplacer les fleurs de lys par le bleu, blanc rouge. Le tricolore est même inscrit dans la charte du 14 août (art. 67). Le roi jure d'observer la Charte révisée. Aux yeux des autres monarques européens, il est définitivement le roi des barricades.

À l'intérieur, après avoir gouverné avec des ministres libéraux (parti du Mouvement : Laffitte, La Fayette), le roi s'appuie de plus en plus sur les conservateurs du parti de la Résistance : Casimir Périer, de Broglie, Thiers, Molé et Guizot. Le règne commence par une crise économique, déclenchée par la révolution de 1830. De plus, en 1832, une épidémie de choléra frappe Lille, Rouen et fait plus de 18 000 morts à Paris. Casimir Perier en meurt.

Les premières années sont troublées par une opposition légitimiste symbolisée par l'équipée de la duchesse de Berry (en 1832, elle débarque près de Marseille, puis s'efforce de soulever la Vendée avant d'être emprisonnée), des insurrections républicaines (1832, 1834 et 1839), des tentatives de soulèvement de Louis-Napoléon et des mouvements sociaux (révolte des canuts lyonnais en 1832).

Manifestation républicaine, les obsèques du général Lamarque (mort lui aussi du choléra) le 2 juin 1832 donnent lieu ainsi à un important soulèvement. Mais les parlementaires désavouent l'émeute et l'ordre est rétabli dès le 6 juin. Louis-Philippe commue en déportation les 7 condamnations à mort consécutives aux procès d'insurrection.

Aux tentatives d'insurrection s'ajoutent les attentats contre la personne du roi. Le 28 juillet 1835 notamment, l'attentat dirigé contre Louis-Philippe passant en revue la garde nationale boulevard du

Temple, fait 18 morts. Fieschi son auteur est un aventurier, mais l'attentat sert de prétexte pour adopter les lois de septembre qui rendent illégal le fait de se déclarer républicain.

Malgré une reprise économique à partir de 1833 et 1835, et l'enracinement du régime à partir de 1840, l'embellie est de courte durée. Louis-Philippe irrite par sa politique étrangère. À l'extérieur, sa politique familiale et d'entente cordiale déplaît à l'opinion. La Belgique qui a pris son indépendance par rapport à la Hollande, élit pour roi, le duc de Nemours, deuxième fils de Louis-Philippe, le 5 février 1831. Mais l'Angleterre refuse, comme elle l'a toujours fait dans le passé, cette présence française en Flandre. Et Louis-Philippe fait preuve de lucidité en refusant cette couronne pour son fils. Du coup, il provoque le mécontentement des Français incapables de comprendre la justesse de sa prudence.

La politique coloniale inaugurée par Charles X est freinée par égard pour l'Angleterre hostile à l'implantation française en Algérie et au Maroc. Cependant, le roi envoie son propre fils, le duc d'Aumale en Algérie. C'est lui qui s'empare du camp *(smala)* d'Abd-el-Kader en 1843.

À l'intérieur, le conservateur Guizot préside aux destinées de la France aux côtés du roi pendant six années. Sa loi de 1833 organise l'enseignement primaire. Autre loi importante, celle de 1842 crée les grands réseaux de chemin de fer. Mais le roi bourgeois exclut du pouvoir les paysans, les artisans et les classes moyennes. En abaissant le cens électoral de 300 à 200 francs, Louis-Philippe double certes le nombre d'électeurs, mais on est encore loin de la démocratie. Devant l'impossibilité d'une solution parlementaire, la campagne des banquets organisée par les républicains réclame justement un cens à 100 F.

En faisant interdire un de ces banquets à Paris, le roi déclenche la révolution de février 1848.

Louis-Philippe émigre en Angleterre où la reine Victoria met à sa disposition la résidence de Claremont. Louis-Philippe avait perdu son fils aîné, le duc d'Orléans en juillet 1842 dans un accident de voiture (ce fut l'occasion d'une des dernières manifestations de sympathie populaire envers le roi et d'un sursaut de l'opposition légitimiste, près d'un millier d'entre eux se rendirent à Londres saluer le comte de Chambord, dit Henri V en 1843). Louis-Philippe abdique donc en faveur de son petit-fils, le comte de Paris. Il meurt deux ans plus tard.

INDEX

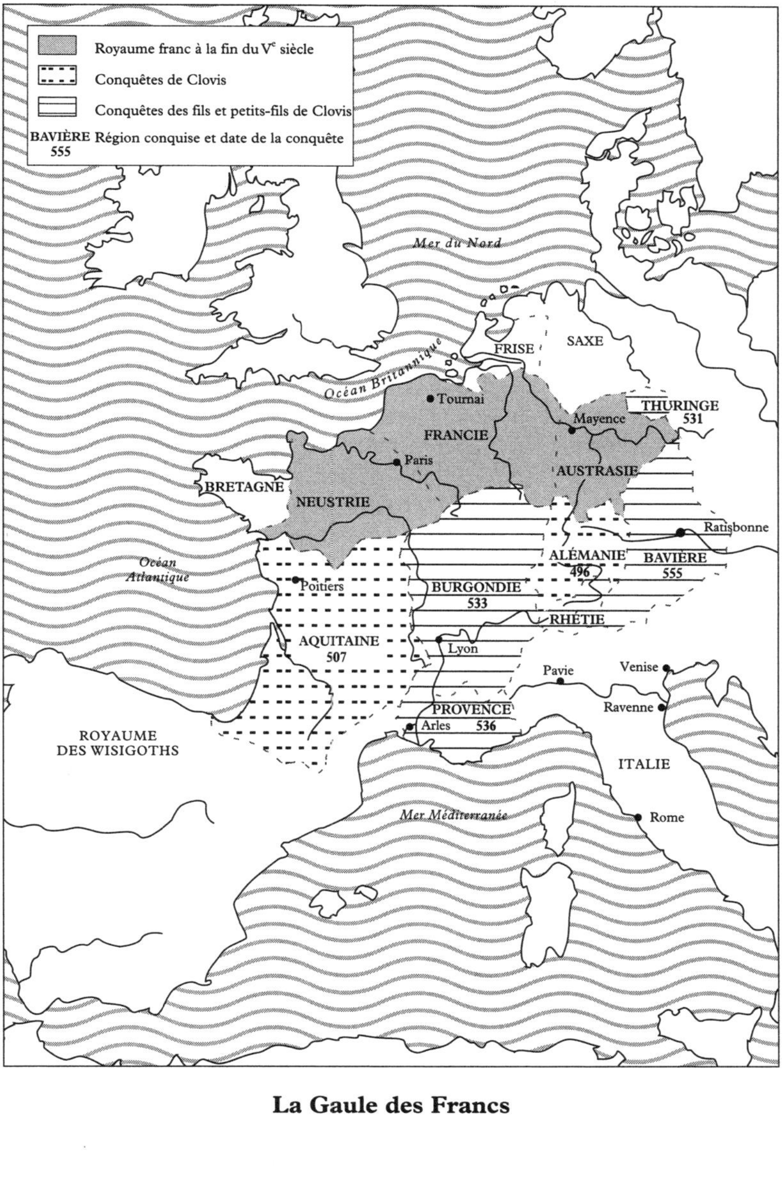

La Gaule des Francs

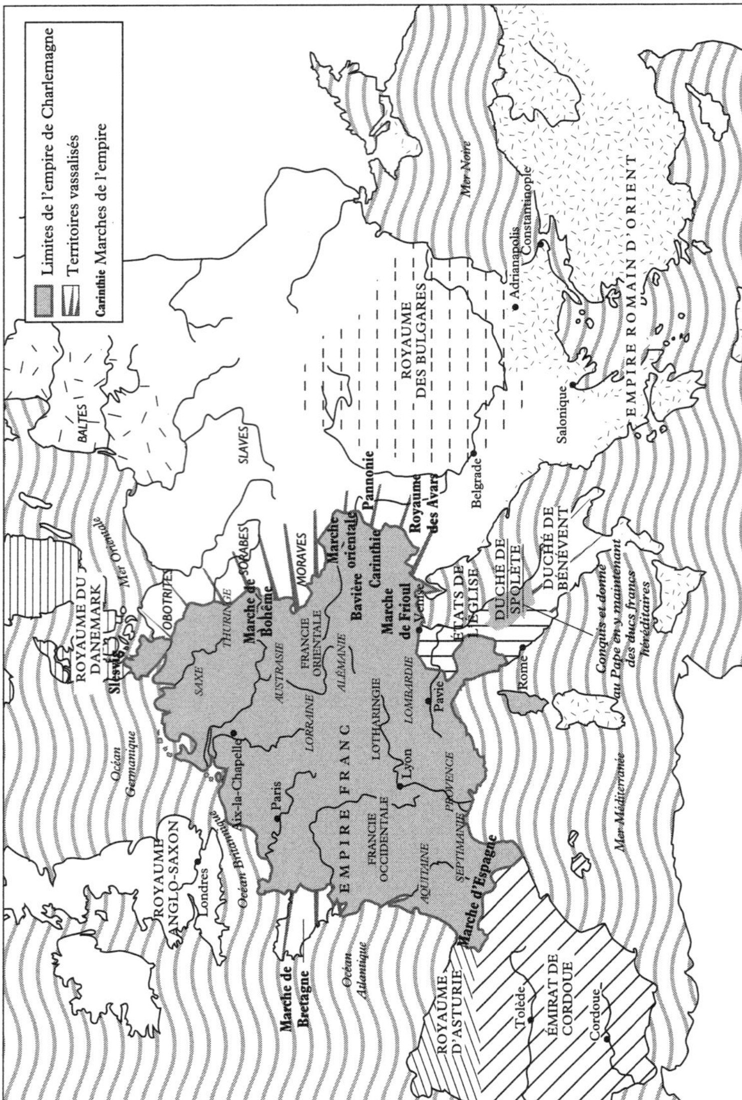

L'empire de Charlemagne

Le partage de l'empire de Charlemagne

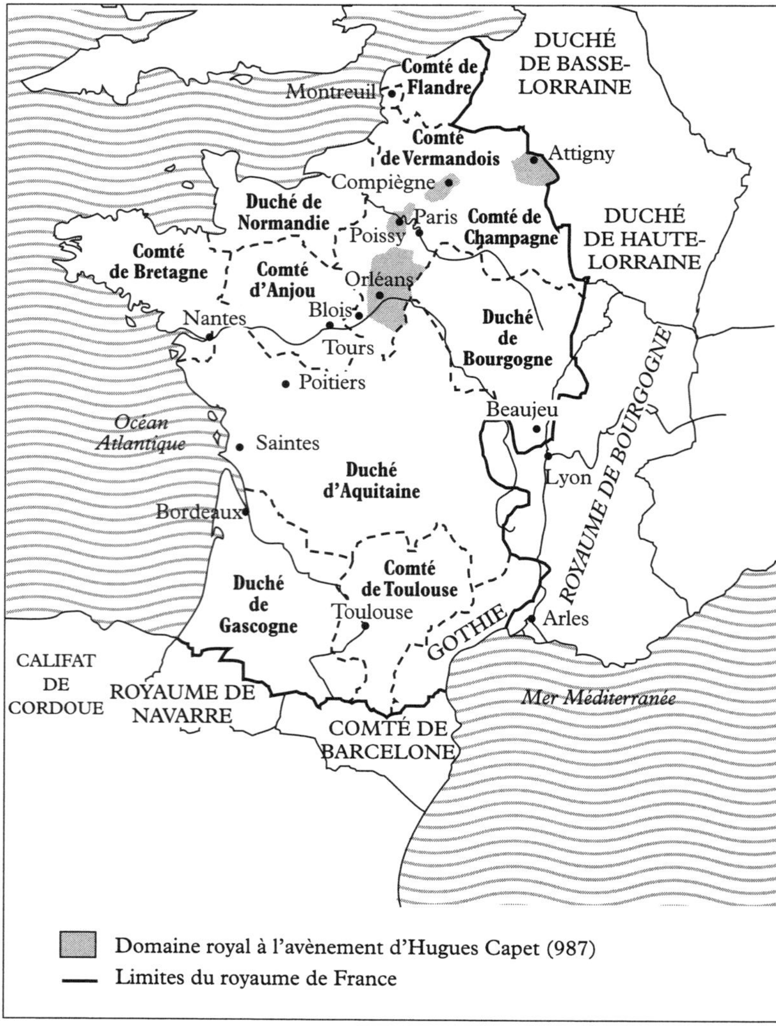

La France en 987 sous Hugues Capet

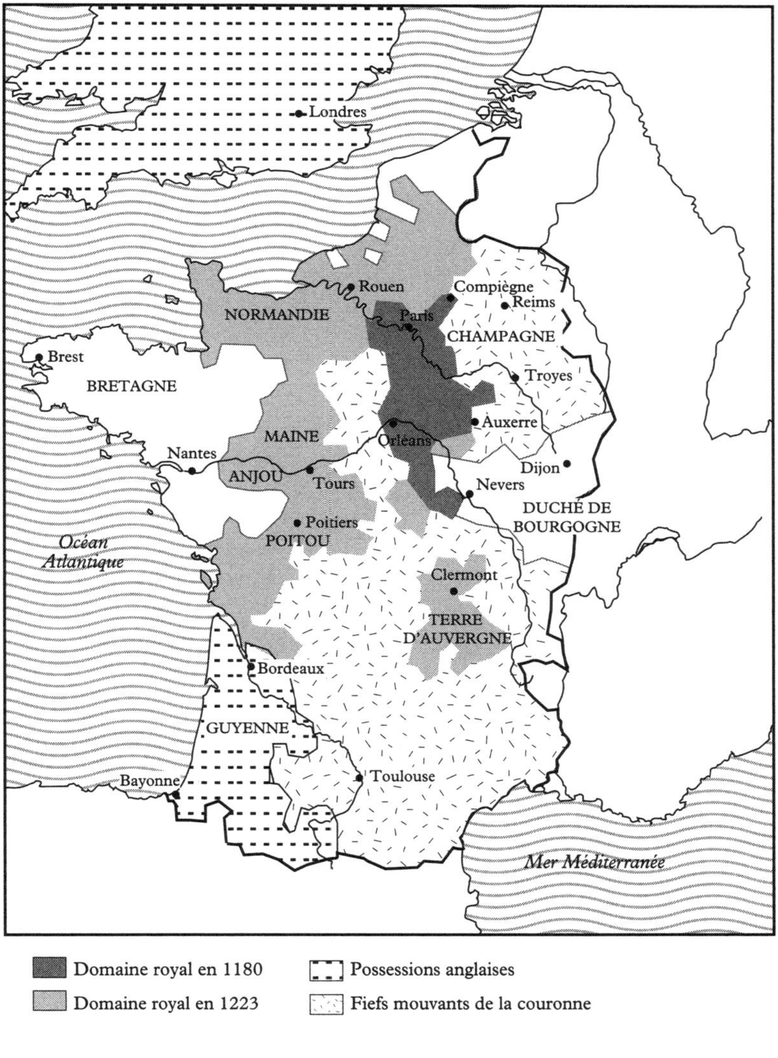

La France de Philippe II Auguste

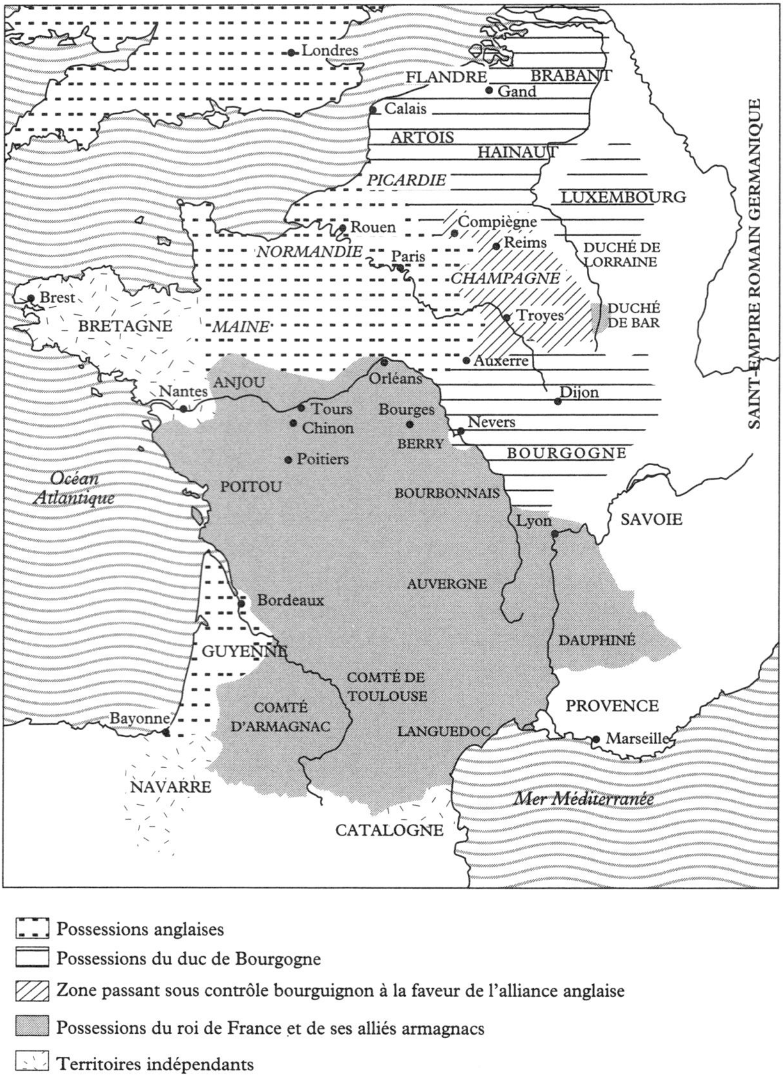

Armagnacs et Bourguignons

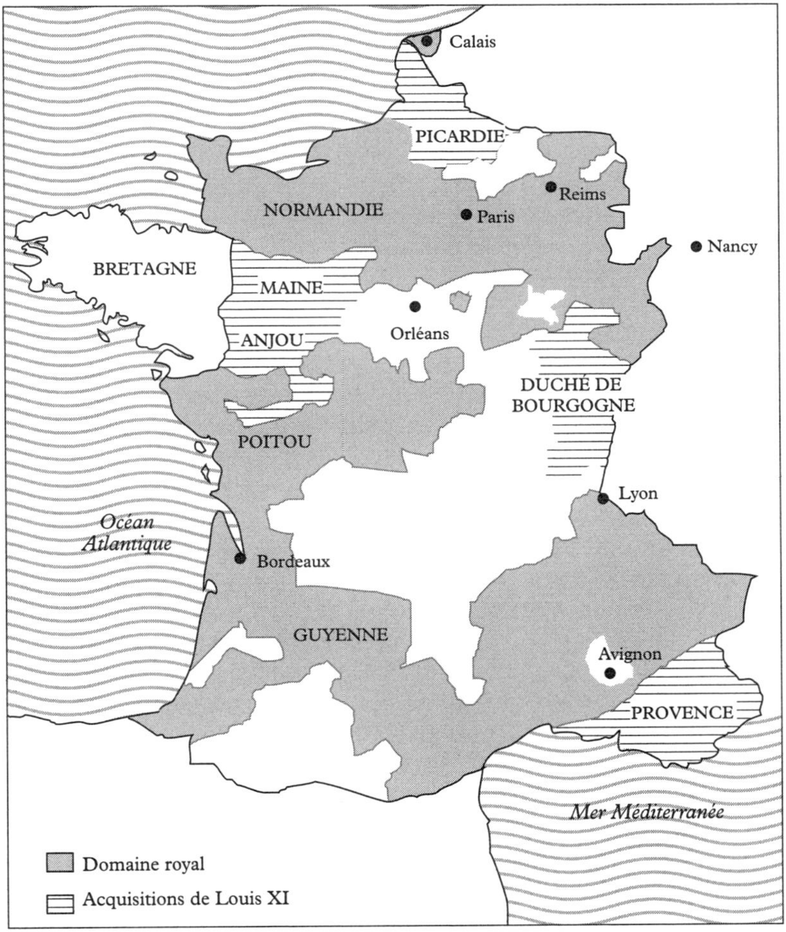

La France à la mort de Louis XI (1483)

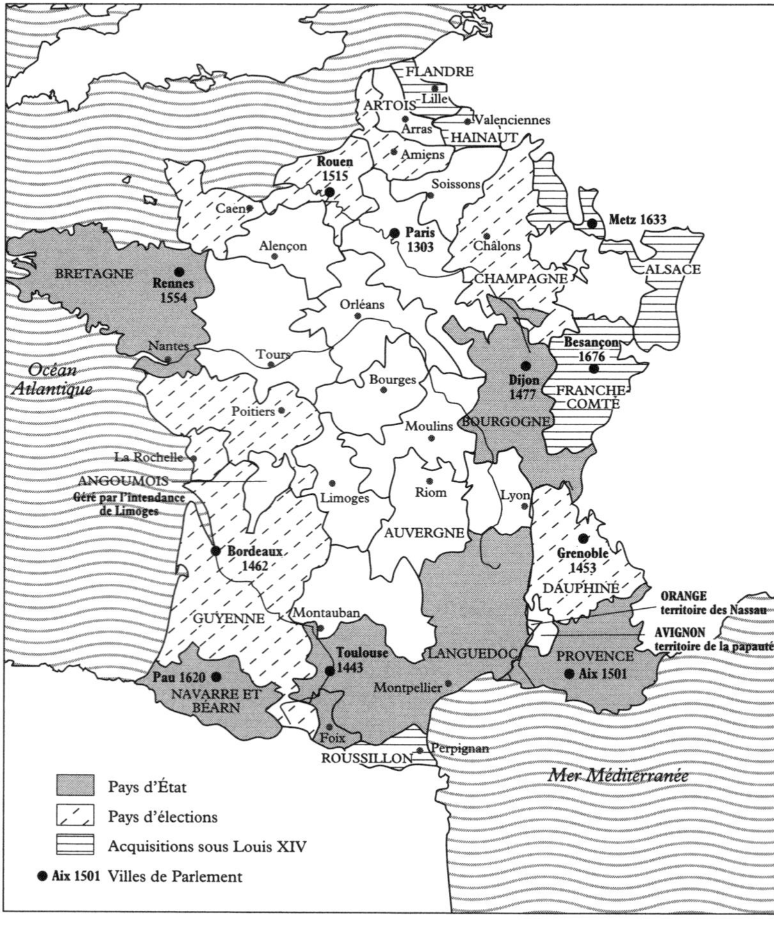

La France de Louis XIV (1654-1715)

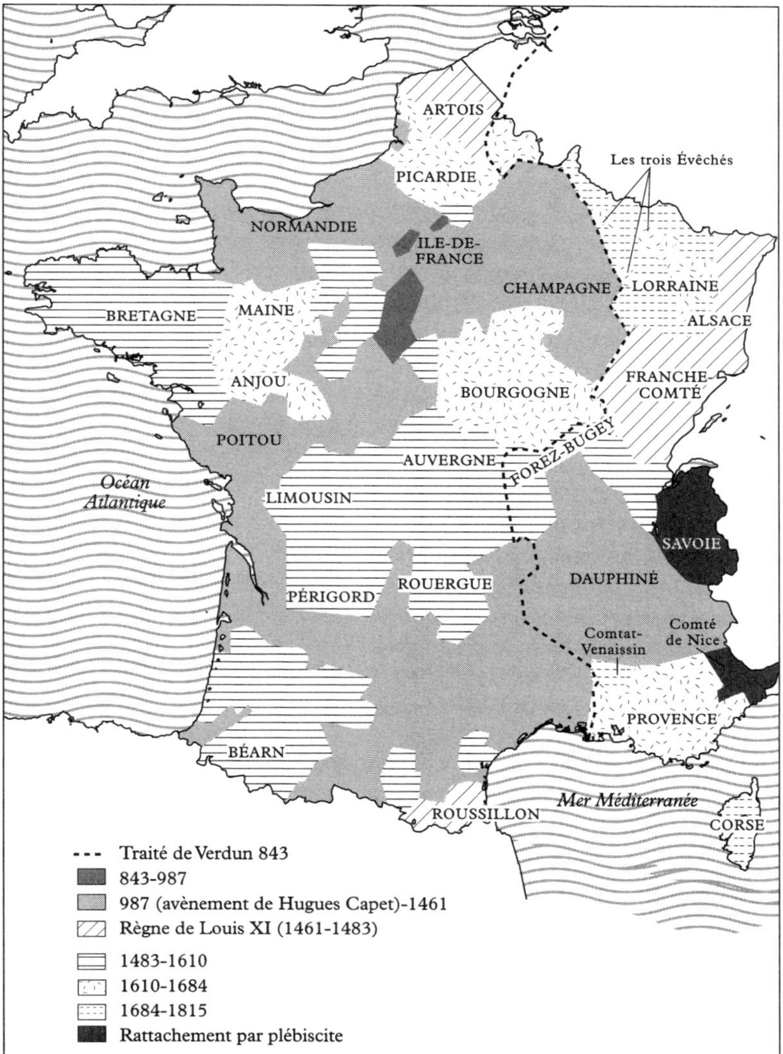

L'évolution du territoire français

Achevé d'imprimer en avril 2003
sur les presses de
l'imprimerie Hérissey à Évreux
N° d'imprimeur : 94750
Dépôt légal : avril 2003

Édition réservée exclusivement aux membres du Club
Le Grand Livre du Mois
15, rue des Sablons
75116 Paris